Bruno Bandulet

Das Maastricht Dossier

Bruno Bandulet

Das Maastricht Dossier

Deutschland auf dem Weg in die dritte Währungsreform

Wirtschaftsverlag Langen Müller/Herbig

1. Auflage September 1993
2. Auflage Dezember 1993

© 1993 by Wirtschaftsverlag Langen Müller Herbig in
F. A. Herbig Verlagsbuchhandlung GmbH, München
Alle Rechte vorbehalten
Schutzumschlag: Bruno Schachtner, Dachau
Satz: Fotosatz Völkl, Puchheim
Druck: Jos. C. Huber KG, Dießen
Binden: Buchbinderei Monheim
Printed in Germany
ISBN 3-7844-7182-X

Inhalt

KAPITEL 1

Komplott gegen die Mark

*»So sind wir Deutschen aber. Immer fragen wir,
auch in den höchsten Kreisen, danach, ob wir anderen gefallen und bequem sind.«*

OTTO VON BISMARCK

*»Wer zahlen kann, ist als Freund und Helfer ge-
sucht, er gewinnt unabhängig von seinem mi-
litärischen Potential einen hohen Bündniswert.
Zugleich aber steigt sein Beutewert. Dieser besteht
in der Möglichkeit einer fremden Macht, eine deutsche Regierung dahin zu bringen, etwas zu tun
oder zu unterlassen, was sie ohne diese Einwirkung nicht täte oder unterließe.«*

WALTER WANNENMACHER,
Der Beutewert der Deutschen, Berlin 1973

Große historische Ereignisse kommen manchmal auf triviale
Weise zustande. In der Nacht vom 10. auf den 11. Dezember
1991, als sich die Vertreter von zwölf europäischen Regierungen in Maastricht auf die Entmachtung der Deutschen Bundesbank und die Abschaffung der Deutschen Mark einigten,
waren die beiden Herren, die aus den dreißigstündigen Beratungen im Dreiländereck zwischen Deutschland, Holland
und Belgien als Sieger hervorgingen, mit ihren Gedanken
nicht mehr bei der Sache. Italiens Ministerpräsident Andreotti gab sich einem ausgedehnten Konferenzschlaf hin, aus
dem er nur gelegentlich aufschreckte. Und Frankreichs Präsident Mitterrand döste mit offenen Augen und war »ganz eindeutig abwesend«, wie ein indiskreter Konferenzteilnehmer
später ausplauderte.

In der Tat sind die Beschlüsse von Maastricht derart ver-
worren und kompliziert, daß man – nach Meinung des briti-

schen Wirtschaftsmagazins »Economist« – Masochist sein muß, um den Text von A bis Z zu lesen. Ganz gelesen hat ihn wohl keiner der in Maastricht versammelten Staatsmänner, sonst wäre ihnen aufgefallen, daß sich einige Artikel widersprachen. Der Text wurde später in aller Heimlichkeit bereinigt und am 7. Februar 1992 offiziell unterzeichnet.

Aber selbst da hatten die Engländer, die sich in Maastricht tapfer gegen die Pressionen Kohls und Mitterrands verteidigt hatten, immer noch ihre Zweifel: »Wir sollten jetzt besser herausfinden, was wir da unterschrieben haben«, flüsterte Außenminister Douglas Hurd anschließend einem Landsmann zu.

Auch die Mehrheit der Deutschen, der Hauptbetroffenen, weiß bis heute nicht, was im Vertrag von Maastricht eigentlich genau steht. Sonst wäre es schließlich nicht möglich gewesen, daß das ZDF-Politbarometer noch im Herbst 1992 herausfand, daß einerseits 70 % der Deutschen gegen die Abschaffung der Mark waren – andererseits aber 46 % für die Beschlüsse von Maastricht.

Im Mittelpunkt des Vertrages steht aber gerade dies: Bis spätestens 1999 soll es keine eigenständigen europäischen Währungen mehr geben und auch keine eigenständige Deutsche Mark mehr. Das wäre dann, nach gut 50 Jahren, das Ende einer monetären Erfolgsgeschichte ohnegleichen, die am 20. Juni 1948 damit begonnen hatte, daß jeder Bewohner der besetzten deutschen Westzonen 40 neue Deutsche Mark in die Hand gedrückt bekam. 40 Mark und zwei Monate später noch einmal 20 Mark – dies war das individuelle Startkapital eines besiegten, gedemütigten und unterernährten Volkes in der Mitte Europas, dessen Städte der Feind zerbombt hatte, dessen Fabrikanlagen er demontierte, dessen Zukunft dunkel und ungewiß war.

Die Erfolgsgeschichte, die damals begann, kennen wir. Der Aufstieg aus den Trümmern glich einem Wunder. Und zum Inbegriff dieser beispiellosen wirtschaftlichen Leistung, zum Symbol deutscher Tugenden wie Fleiß und Sparsamkeit, ja zum einzigen wirklichen Souveränitätsmerkmal des neuen

Staates wurde seine Währung: die Mark, die harte Mark. Zweite Weltreservewährung nach dem Dollar, begehrtes Zahlungsmittel in weiten Teilen Osteuropas, der Neid der Nachbarn und nicht zuletzt wesentlicher Bestandteil deutscher Selbstbestimmung.

Wie die Deutschen in die Falle gelockt wurden

Wie es den anderen gelang, die Deutschen in die Falle von Maastricht zu locken, wie die Währungshüter der Deutschen Bundesbank übertölpelt wurden, wie Helmut Kohl hart am Rande des Verfassungsbruches manövrierte, wie die deutsche Öffentlichkeit bis zuletzt im Unklaren gelassen wurde – dies alles trug die typischen Kennzeichen eines Komplotts.

Die Geschichte dieses Komplotts und die schwarze Liste seiner Konsequenzen wollen wir hier aufzeichnen. Vieles läßt sich dabei auf das eigenartige Dreiecksverhältnis zwischen Kohl, Mitterrand und dem Präsidenten der EG-Kommission, Jacques Delors, zurückführen. Die Motivation der beiden Franzosen war, wie wir sehen werden, von Anfang an leicht durchschaubar. Nur Kohls Rolle ist bis heute nicht ganz eindeutig – er handelte als Getriebener und Antreiber zugleich. *»DM und Bundesbank nähern sich mit einem dunklen Rätsel ihrem Ende«,* kommentierte dazu der ZDF-Korrespondent Dieter Balkhausen.

Wer versuchen will, das Rätsel zu lösen, kann sich das Studium regierungsamtlicher Erklärungen ersparen. Unsere sympathischen Nachbarn, die Franzosen, wußten schon immer, daß Politiker im Zweifelsfall lügen – die Franzosen haben ein zynisches und daher richtiges Verständnis des politischen Betriebs. Den Deutschen hingegen kann man ziemlich leicht ein X für ein U vormachen. »In keinem anderen Staat der modernen Welt ist so beharrlich-feierlich von Amts wegen gelogen worden«, formulierte es schon der große Historiker Heinrich von Treitschke.

Die offiziellen Erklärungen haben denn auch mit der Realität nur wenig zu tun:

• »Die Kriterien für die Qualifikation zur Währungsunion lauten: strikte Preisstabilität, unbedingte Haushaltsdisziplin«, erklärte Bundeskanzler Kohl am 13. Dezember 1991 vor dem Deutschen Bundestag. Er bezog sich damit auf den soeben ausgehandelten Vertrag von Maastricht. Nur: von strikter Preisstabilität und unbedingter Haushaltsdisziplin ist dort mit keinem Wort die Rede, wie wir später im einzelnen sehen werden.

• »Zu diesem Erfolg – auch das will ich hier dankbar erwähnen – hat die enge und vertrauensvolle Zusammenarbeit mit der Deutschen Bundesbank in diesen Verhandlungen entscheidend beigetragen.« Auch dies Originalton Kohl vom 13.12.1991. Auch davon war kein Wort wahr. Kohl hatte in Maastricht die Bundesbank vielmehr überrumpelt. *Und als sein Presseamt schließlich auch noch millionenteure Zeitungsanzeigen schaltete, in denen sich die Regierung auf Bundesbankpräsident Schlesinger berief, waren einige Mitglieder des Frankfurter Zentralbankrates über diese Heuchelei so empört, daß sie Protestbriefe nach Bonn schickten, die freilich nie veröffentlicht wurden.*

• Finanzminister Theo Waigel trug am 8. Oktober 1992 vor dem Deutschen Bundestag noch dicker auf. Wörtlich: »Die starke Deutsche Mark wird auch durch die Währungsunion nicht abgeschafft.« Er sprach, wohlgemerkt, vom Vertrag von Maastricht, der genau dies vorsieht.

• Waigel ebenfalls am 8. Oktober 1992: »Durch den Vertrag von Maastricht ist auch keine europaweite Umverteilungsmaschinerie angelegt.« Frage dazu: Hat er das Maastrichter »Protokoll über den wirtschaftlichen und sozialen Zusammenhalt« (Kohäsionsfonds etc.) wirklich nie gelesen?

• Und noch einmal Waigel am 8. Oktober 1992: »Die Vertreter der deutschen Wirtschaft haben klar erkannt, welche Vorteile die Währungsunion uns allen bringt.« Das haben sie eben nicht. Nur einen Tag später veröffentlichte das Magazin »Wirtschaftswoche« eine Umfrage des Münchner Ifo-Instituts, wonach 62 % (!) der Betriebe »Stabilitätsgefahren beim Übergang zu einer europäischen Einheitswährung« befürchten. Titelzeile der »Wirtschaftswoche«: »Die Brüsseler Pläne für ein gemeinsames Eurogeld stoßen in der deutschen Wirtschaft zunehmend auf Skepsis.«

Wie soll in Deutschland, wenn die Regierung derart bedenkenlos desinformiert, seriös über den Vertrag von Maastricht diskutiert werden können? Die Deutschen sind verwirrt – und wissen doch instinktiv, daß ihnen die vertraute Währung weggenommen werden soll.

»In Maastricht wurde die Spaltung Europas beschlossen«

Maastricht war eben kein idealistischer Aufbruch zu neuen europäischen Ufern, sondern ein kalt kalkuliertes Manöver gegen die monetäre Vorherrschaft der Deutschen Bundesbank und gegen die Existenz einer eigenständigen deutschen Währung. Kein ernstzunehmender Währungsexperte hat dies je anders gesehen:

• David Marsh, Redakteur der »Financial Times«, Europas einflußreichster Finanzzeitung, und Autor eines Buches über die Bundesbank: »Unter dem Strich wird Deutschland der große Verlierer sein. Ausgerechnet in einer Phase, in der die Belastungen durch die deutsche Einheit spürbar werden, müssen die Wähler in Deutschland damit rechnen, daß ihre Währung, ein nationales Symbol, vom Thron gestoßen und die Bundesbank, die Hüterin der Währung, entmachtet wird.«

• Professor Karl Schiller, früherer Wirtschaftsminister: »Alles das, woran Ludwig Erhard und die Nachfolger in seinem Geiste gearbeitet haben, das wäre dann ein definitiv abgeschlossenes Kapitel, reif für die Wirtschaftsgeschichte ... Die DM wird sich auflösen wie ein Stück Zucker in einem Glas Tee.«

• Professor Ralf Dahrendorf, früherer EG-Kommissar und seit 1988 Rektor in Oxford: »In Maastricht haben Regierungschefs, die am Ende ihrer Kunst waren und eigentlich keine

11

Zukunft mehr hatten, die Spaltung Europas beschlossen – und nicht seine Integration.«

• Wilhelm Hankel, Professor für Währungspolitik an der Universität Frankfurt, über die in Maastricht beschlossene Einheitswährung: *»Ein europäisches Zwangs- und Monopolgeld. Niemand kann voraussagen, was es morgen wert ist, wer es managt und wie.«*

• Dr. Kurt Richebächer, früher Dresdner Bank: *»Die gemeinsame europäische Währung ist ein Vabanquespiel ohnegleichen. Daraus kann kein Europa werden, wie es sich die Menschen wünschen.«*

• Und schließlich Franz Thoma von der »Süddeutschen Zeitung«, einer der angesehensten Wirtschaftspublizisten Deutschlands: »Herausgekommen ist eine Währungsunion ohne jeglichen finanz- sowie wirtschaftspolitischen Unterbau. Und dieses Konzept ist falsch ... Für uns muß etwas ganz anderes entscheidend bleiben, nämlich das Interesse des Bürgers. Dieser, meistens nicht durch Sachwerte gepolstert, muß sicher sein können, in einem arbeitsreichen Leben gutes Geld und eine solide Alterssicherung zu verdienen. Da befallen uns bei der in Maastricht konzipierten Währungsunion Zweifel. Sie lassen sich auch nicht unter dem Wust einer am Kern der Dinge vorbeigehenden sogenannten Aufklärung begraben.«

Worum aber geht es im Kern bei der Europäischen Währungsunion? Warum darf in Deutschland über den wirklichen Hintergrund des Vertrages nicht offen diskutiert werden? Warum wurde kritischen CDU-Landesministern ein Maulkorb umgehängt? Warum wurde Oskar Lafontaine, als er offene Kritik wagte, vom SPD-Establishment zum Schweigen gebracht? Warum zog der bayerische Finanzminister von Waldenfels den Zorn von Waigel auf sich, als er es »enttäuschend« nannte, daß in Maastricht keine wesentlichen Fortschritte im Hinblick auf die Politische Union Europas erzielt wurden? Und warum wurde der bayerische Umweltminister Gauweiler des Versuchs der »Parteispaltung« bezichtigt, als er sich für die Mark stark machte?

Die Antwort ist immer dieselbe: Die politische Klasse in Deutschland kann sich eine offene und sachbezogene Diskussion über Pro und Contra von Maastricht gar nicht leisten. Denn dann würde die mühsam aufgebaute Propagandafassade ganz schnell in sich zusammenfallen. Basis dieser Propaganda ist eine künstliche Europa-Ideologie, die jede ernsthafte Analyse wirtschaftlicher Sachzusammenhänge und nationaler Interessenlagen als »uneuropäisch« abqualifiziert. Die Bundesregierung operiert in einer Welt der Fiktionen. Besonders deutlich wurde dies in der bereits zitierten Rede Helmut Kohls vor dem Bundestag am 13. Dezember 1991, als er behauptete, durch den Vertrag von Maastricht würden die Mitgliedsländer der EG in einer Weise miteinander verbunden, die »einen Rückfall in früheres nationalstaatliches Denken« unmöglich mache.

Wovon sprach der Kanzler eigentlich? Selbstverständlich denkt jede große europäische Regierung (die deutsche vielleicht ausgenommen) »nationalstaatlich«. Das ist in Frankreich und Italien nicht anders als in Großbritannien. Jeder europäische Vertrag, angefangen mit der Gemeinschaft für Kohle und Stahl zu Beginn der 50er Jahre, beruhte auf nationalstaatlichen Interessen der Partner. Auch der Weg nach Maastricht war von Anfang an mit nationalpolitischen Interessen gepflastert, vor allem mit denen Frankreichs.

Schon 1988 wollte Paris die Bundesbank entmachten

Am Beginn stand die aufkeimende Unzufriedenheit Frankreichs mit dem stillschweigenden Arrangement, wie es sich in der EG herausgebildet hatte: Zwar beherrschte Paris die EG-Kommission in Brüssel, zwar war die EG-Landwirtschaftspolitik mit ihren enormen Subventionen ganz auf französische Wünsche zugeschnitten, zwar hatte Frankreich (im Gegensatz zu Deutschland) außenpolitisch und militärpolitisch weitgehend freie Hand, dafür aber durfte die Deutsche Bundesbank den Primus inter pares unter den europäischen Notenbanken spielen.

Das Europäische Währungssystem (EWS) wurde de facto zum DM-Block – nicht weil dies ursprünglich so beschlossen worden war, sondern weil die Professionalität und das Prestige der Bundesbank zu diesem Resultat führten. Eben diese monetäre Hegemonie der Deutschen mißfiel den Franzosen zunehmend – nicht etwa, weil sie Europa schadete, sondern weil sie den Spielraum der französischen Konjunktur- und Geldpolitik einengte. Die Franzosen sehen in der Bundesbank eine Festung des Geldes, die es zu schleifen gilt. Aber: sie benötigten die Mithilfe der Bundesregierung, um diese Festung zu schleifen. Denn, wie EG-Kommissionspräsident Delors einmal so schön sagte: »Nicht alle Deutschen glauben an Gott, aber alle glauben an die Bundesbank.« Von Delors stammt auch diese ganz präzise Zielansprache: »Bislang ist das EWS eine DM-Zone. Das muß sich ändern.«

Den ersten ernsthaften Versuch unternahmen sie 1988. Ein deutsch-französischer »Finanz- und Wirtschaftsrat« sollte die Bundesbank domestizieren, die entgegen vorherrschender Meinung zwar nicht in allen Fragen »unabhängig« ist, der aber laut Bundesbankgesetz keine »Weisungen« aus Bonn erteilt werden dürfen. Dieser Finanz- und Wirtschaftsrat sollte völkerrechtlich verbindlich in den deutsch-französischen Vertrag als Präambel aufgenommen werden – ohne daß die Stabilitätsverpflichtung und die Autonomie der Bundesbank dabei betont wurden. Hinter dem Manöver standen Bundeskanzler Kohl, sein Außenminister Genscher sowie Finanzminister Stoltenberg.

Stoltenberg weigerte sich sogar, den Text der Präambel dem Bundesbankpräsidenten Karl Otto Pöhl zuzustellen. Pöhl mußte sich ihn bei seinem französischen Kollegen besorgen. Die deutsche Öffentlichkeit wurde wach und stellte sich auf die Seite der Bundesbank, der Zentralbankrat legte ein Veto ein, und Kohl mußte einen Rückzieher machen. »Was er Frankreichs Präsident Mitterrand als Ausgleich zusagte, ist nicht überliefert«, bemerkte dazu der Bundesbank-Beobachter Dieter Balkhausen.

14

Mitterrand und Kohl gaben Delors freie Hand

Daß in jenem Jahr 1988 dann doch die Weichen für Maastricht gestellt wurden, war der schier unerschöpflichen Energie und dem Machtwillen von Jacques Delors zu verdanken, des heimlichen Diktators von Brüssel.

Wer eigentlich ist Delors? Wenn er sich – nach US-Vorbild – stets vor dem präsidentiellen Hintergrund der blau-goldenen Europafahne der Presse stellt, erweckt er den Eindruck, hier spreche der eigentliche Machthaber Europas. Die Zeitungen nennen ihn schon einmal den »EG-Präsidenten«, dabei steht er nur der Brüsseler EG-Kommission mit ihren 17 Mitgliedern und 17 000 Beamten vor. Kein europäischer Bürger hat ihn je gewählt, Delors mangelt es an demokratischer Legitimation. Er wäre ein Beamter ohne Macht, hätte er sich nicht von Anfang an auf die fast uneingeschränkte Unterstützung der Regierungen in Paris und Bonn verlassen können. Der Sozialist Mitterrand und der Katholik Kohl gaben dem katholischen Sozialisten Delors freie Hand.

Auf nennenswerten Widerstand stößt die EG-Bürokratie, die im Stile der Regierung Brüning ohne Parlament und mit Verordnungen regiert, allenfalls einmal im Ausland. Als der EG-Kommissar Christophersen an einem Gipfeltreffen der Großen Sieben in Bangkok teilnehmen wollte, setzte man ihn vor die Tür. Und als in Madrid die nahöstliche Friedenskonferenz eröffnet wurde, wollte Delors seinen spanischen Kommissar Abel Matutes teilnehmen lassen – einen Multimillionär, dem halb Ibiza gehört. Nach Angaben eines holländischen Diplomaten entfuhr US-Außenminister Baker, als er vom Begehren der EG hörte, Matutes zur Konferenz zuzulassen, die Bemerkung: »Fuck off«.

Andere, pikante Details hat der Welt am Sonntag-Korrespondent Harald Hotze in der Umgebung von Delors recherchiert. Er sei ein Workaholic, der vor Übermüdung und unter dem Einfluß von Medikamenten (und eines Schlucks Fernet Branca) manchmal die Maske starrer Höflichkeit fallen lasse. Dann bekommen seine »Kabinettsmitglieder«, die Kommissare, schon einmal seine Wut zu spüren. Einem griechischen Kollegen attestierte er, er sei »unfähig, eine Taverne zu führen«. Einen britischen Kommissar nannte er einen »Lakaien der Labour Party« und ein deutscher Kommissar (man ahnt, wer das war) bekam zu hören, er habe »einen fetten Hintern«. Delors wahre und letzte Loyalität gilt der Nation, deren Präsident er einmal zu werden hoffte. Als seine Kommissare ihn einmal überstimmten, stand er mit den Worten auf: »Frankreich verläßt die Sitzung.«

»Wir dachten, wenn nötig, verkauft er auch die Bundesbank«

Dieser bemerkenswerte Mann begann beharrlich auf die Währungsunion hinzuarbeiten, kaum hatte er sein Amt 1985 angetreten. Er sorgte dafür, daß das Ziel einer Währungsunion bereits in die »Einheitliche Europäische Akte« aufgenommen wurde, die 1987 in Kraft trat. Und 1988 übernahm er den Vorsitz in einem Ausschuß, in dem auch die EG-Notenbankgouverneure saßen und der die Währungsunion vorbereiten sollte. Nur ein Jahr später wurde der sogenannte »Delors-Bericht« veröffentlicht. Er enthielt einen Dreistufenplan für die Wirtschafts- und Währungsunion Europas.

Die Bundesbank geriet unter Druck. Sie sah ihre Existenz bedroht. Ohne die – damals nach außen hin unsichtbare – Rückendeckung Kohls für Delors wäre dies alles nicht möglich gewesen. Der Kanzler hatte schon Mitte 1988, als er den Zentralbankrat in Frankfurt besuchte, seine Karten aufgedeckt. »In der Währungsunion«, so ließ er die Herren damals wissen, »muß Frankreich entgegengegangen werden. Dies muß man wie das Wetter hinnehmen. Wenn man merkt, so geht es nicht, muß man es anders machen. Das ist ein wesentlicher Weg der Politik.« Die Bundesbankiers ahnten die Absicht hinter der verquollenen Sprache. »Wir haben gedacht, wenn nötig, verkauft er dafür auch die Bundesbank«, äußerte sich später ein Mitglied des Zentralbankrates.

Daß Kohl, Delors und Mitterrand schon Ende der 80er Jahre gegen die Bundesbank und die Mark konspirierten und daß die Bundesregierung die deutsche Öffentlichkeit mit voller Absicht im Unklaren ließ, geht auch aus einer Äußerung des Bundesbankpräsidenten Karl Otto Pöhl im Jahre 1989 hervor:

»Wenn der Plan bekannt wird und die deutsche Bevölkerung begreift, was es damit auf sich hat – vor allem, daß es um ihr Geld geht und daß die Entscheidungen künftig nicht mehr von der Bundesbank gefällt werden, sondern von einer neuen Institution –, dann, nehme ich an, wird sich erheblicher Widerstand regen.«

Und selbst Hans Tietmeyer, früher Staatssekretär im Bundesfinanzministerium und enger Vertrauter Kohls, warnte am 11. Juni 1991 in seiner damaligen Eigenschaft als Vizepräsident der Bundesbank, das vereinte Deutschland könne bei der anstehenden Währungsunion viel verlieren –»nämlich eine der erfolgreichsten und besten Geldverfassungen der Welt«.

Tietmeyer, der Architekt der Bonner Finanzpolitik in den 80er Jahren und schon damals ein Mann mit mehr hintergründigem Einfluß als Waigel, hat den Vertrag von Maastricht in dieser Form wahrscheinlich nie gewollt. Waigel selbst spielte weder hier noch anderswo eine Schlüsselrolle – er reagierte mehr, als daß er agierte. Und die Führung der Bundesbank war am allerwenigsten an ihrer eigenen Entmachtung interessiert. Wie also konnte etwas zustande kommen, das kein deutscher Notenbankier und kein führender Finanzexperte in Deutschland je ernsthaft anstrebte?

Bei unseren Recherchen fanden wir dafür nur eine plausible Erklärung: sie liefen alle in eine Falle. Nur die Rolle des sachunkundigen Bundeskanzlers selbst bleibt streckenweise unklar: einerseits operierte er hinter dem Rücken der Bundesbank und klärte wohl auch Tietmeyer über seine letzten Absichten nicht immer auf, andererseits muß er enormem Druck von Seiten Mitterrands (vielleicht auch von anderer Seite) ausgesetzt gewesen sein.

Kohl war wohl bis zuletzt nie ganz einverstanden mit dem,

was er tat. Er gab schließlich dem Druck nach, den er für den größeren hielt. Daß er bewußt deutsche Interessen schädigte, unterstelle ich ihm nicht. Seine absolute Unkenntnis währungspolitischer Zusammenhänge erleichterte ihm freilich den Entschluß, die Mark zu opfern. Die Hauptverantwortung dafür, daß die deutsche Delegation in Maastricht ausmanövriert wurde, trägt er und kein anderer. *Selbst an seinen eigenen Forderungen und Vorgaben gemessen, erlitt Kohl in Maastricht eine eklatante Niederlage. Denn er ließ dort das deutsche Junktim zwischen Währungsunion und Politischer Union fallen, nachdem er sah, daß es nicht durchzusetzen war.* Auf diesem Junktim aber hatte die Logik der Bonner Europapolitik immer beruht: wenn Bonn schon mit der Mark das größte denkbare Opfer brachte, dann sollten sich die Westeuropäer im Gegenzug zu einer Politischen Union mit gemeinsamer Außen- und Verteidigungspolitik zusammenschließen. Deutschland in seiner prekären Mittellage hätte dann nie mehr Einkreisung und Isolation befürchten müssen.

Die Bonner Diplomaten ohne klares Verhandlungsziel

Tatsächlich einigten sich Kohl und Mitterrand vier Monate nach dem entscheidenden Europagipfel in Straßburg vom 8. Dezember 1989 darauf, »parallel« über Währungsunion und Politische Union zu verhandeln. Frankreich sah den politischen Teil der Gespräche allerdings eher als Tarnung für das Einkreisungsmanöver gegen die Deutsche Mark. Aber es gibt auch Indizien, daß Kohl ohne klare Zielsetzung auf Maastricht zusteuerte. Der Brüsseler ARD-Korrespondent Rolf-Dieter Krause über das diplomatische Tauziehen des Jahres 1991: »Zeitweise wußten nicht einmal Bonns Unterhändler in der Regierungskonferenz über die Politische Union, was ihr Kanzler darunter verstanden wissen wollte. Genaue Verhandlungsziele, konkrete Vorgaben wurden ihnen kaum gemacht.«
    Dennoch hielt Kohl nach außen hin bis zuletzt am Junktim

fest. Kurz vor dem Gipfel in Maastricht wurde er gefragt, was er denn tun werde, falls es am Ende zwar eine Einigung über die Währungsunion, aber nur einen Minimalkompromiß über die Politische Union geben werde. Ob er dann den Vertrag unterschreiben werde? Kohls Antwort: »Dann gibt es Krach.«

Zum Krach kam es nicht, der Kanzler gab klein bei. Es war nicht etwa so, daß er die Mark von Anfang an opfern wollte – sie hatte nur keinen großen Stellenwert in seinen Überlegungen. Hinzu kam, daß ihm die Bundesbank, als es um die Einzelheiten der Währungsunion ging, schon einmal in die Parade gefahren war und daß Kohls Verhältnis zu deren Präsident Pöhl nicht gut war. Die Macht der Bundesbank mit französischer Hilfe zu beschneiden – das wird ihm nicht ganz ungelegen gekommen sein.

Pöhl glaubte zu lange, er könne auf Zeit spielen

Wie aber war es möglich, daß selbst die Bundesbank in die Falle von Maastricht lief? Zum einen hatte sie letztlich keinen Einfluß darauf, was Kohl mit Mitterrand verabredete. Sie konnte warnen, nur stand es im Belieben des Kanzlers, auf die Fachleute zu hören oder auch nicht.

Ein besonders geschickter Schachzug war es überdies, Pöhl in die Vorverhandlungen einzubinden und ihn selbst das Statut einer Europäischen Zentralbank mit ausarbeiten zu lassen. Dem konnte sich Pöhl nicht verweigern. Er machte allerdings den Fehler, zu lange an die Ernsthaftigkeit des deutschen Junktims zwischen Politischer und Währungsunion zu glauben und anzunehmen, er könne auf Zeit spielen.

So jedenfalls schien Pöhl zu denken, als er am 19. September 1990 in einem Kreis von Finanzfachleuten in einem Raum der Frankfurter Börse aus dem Nähkästchen plauderte. Ich nahm an dem Treffen teil und wurde dabei gelegentlich mißtrauisch von Pöhl beäugt – vielleicht, weil ich mir als einziger ständig Notizen von den Ausführungen des Bundesbankpräsidenten machte.

Pöhl verhehlte nicht sein Unbehagen über die Intentionen in Brüssel, Paris und Bonn. Es war fast so, als ahnte er damals schon die gravierenden Fehler, die in Maastricht gemacht werden würden. Seine lässige Attitüde, das elegante Äußere, der kosmopolitische Horizont, die Goldmünzen in den Manschetten, der Hang zur Ironie und Selbstironie – der Kontrast zu seinem Gegenspieler Kohl hätte größer nicht sein können.

Als Vorsitzender des Ausschusses der europäischen Notenbankgouverneure, die mit den Einzelheiten der Währungsunion befaßt waren, konstatierte Pöhl zunächst: »Wir sind nicht dagegen, daß es eine europäische Notenbank und eine europäische Währung irgendwann geben wird.« Die Betonung lag auf »irgendwann«. Und schon damals warnte er davor, die Osteuropäer vor der Tür stehen zu lassen. »Das Europa der Zwölf kann nicht das letzte Wort sein. Wir müssen uns damit beschäftigen, wie wir die osteuropäischen Länder einbeziehen.«

Eben damit beschäftigte sich der Gipfel von Maastricht nicht. Auch den fatalen Automatismus des Maastrichter Vertrages lehnte Pöhl ab, und er forderte die Regierung auf, »sich nicht unter Zeitdruck setzen zu lassen mit symbolischen Zeitdaten«. Pöhl äußerte Sympathie für die Euroskepsis der britischen Regierungschefin Thatcher, lästerte über die »ständigen Richtlinien einer riesigen Bürokratie in Brüssel« und warf der Kommission vor, sich wie eine »Super-Regierung« zu gerieren.

Die Gefahr einer Währungsunion: Neue große Subventionen

Für den Fall einer Europäischen Währungsunion sah er große Subventionen voraus, denn sobald das Ventil möglicher Wechselkursänderungen wegfalle, müsse die »Anpassung« wie in der ehemaligen DDR über die Beschäftigung (Konsequenz: Arbeitslosigkeit) und über einen Transfer von Ressourcen (sprich: Hilfszahlungen aus deutschen Kassen) erfolgen. *»Wir hätten in einem solchen Prozeß viel zu verlieren. Für die Bundesrepublik würde es bedeuten, daß wir die Deut-*

20

sche Mark auf dem europäischen Altar zum Opfer bringen ...
Was wir haben, wissen wir, was wir bekommen, wissen wir
noch nicht.«

Pöhls Taktik ging ganz offensichtlich dahin, die deutschen
Bedingungen für eine Währungsunion so hoch anzusetzen,
daß nach menschlichem Ermessen kaum eine Chance bestand, daß Frankreich und die anderen sich darauf einlassen
würden. Dazu zählte nicht zuletzt die Unabhängigkeit der ge-
forderten Europäischen Zentralbank. Pöhl damals: »Ich bin
noch nicht sicher, daß dieser Brocken geschluckt wird.«

Dem Bundesbankpräsidenten unterliefen zwei Irrtümer:
Zum einen glaubte er, Bonn werde auf der französischen Ge-
genleistung einer echten politischen Union bestehen – er sah
nicht voraus, daß Kohl umfallen würde. Und zum anderen
dachte er, die von ihm federführend ausgearbeiteten Kriterien für eine Europäische Zentralbank seien zu streng, um für
Paris und die südeuropäischen Länder akzeptabel zu sein.

Mitterrand war bereit, nahezu alles zu unterschreiben

Paris war aber bereit, nahezu alles – selbst die Unabhängigkeit einer Europäischen Zentralbank – zu unterschreiben,
wenn Kohl nur die Bundesbank und die Mark fallen ließ. Daß
Mitterrand nie ernsthaft vorhatte, die für ihn unbequemen
Teile des Vertrags zu respektieren, hat er inzwischen ganz offen zu verstehen gegeben. Aber da war es für Bonn schon zu
spät, einen Rückzieher zu machen.

In den 50er Jahren, als Mitterrand politisch in Vergessenheit
zu geraten drohte, hatte er seine eigene Entführung insze-
niert, um in die Schlagzeilen zu kommen. Politische Tricks
waren ihm nie fremd. Es war auch nicht verwunderlich, daß
er – als die deutsche Wiedervereinigung drohte – in letzter
Minute zu intervenieren versuchte. Er traf Gorbatschow in
Kiew und dann Ende 1989 Modrow in Ostberlin, um zu son-
dieren, ob sich die deutsche Einheit aufhalten ließe.

Nur reichte Frankreichs Macht damals dazu nicht aus. Moskau hatte bereits beschlossen, die Konkursmasse DDR abzustoßen, Washington hatte längst sein Plazet gegeben – und selbst wenn Kohl nicht gewollt hätte, es wäre ihm kaum etwas anderes übriggeblieben, als die bankrotte Firma DDR zu einem weit überhöhten Preis zu übernehmen. Er tat damit Moskau und Washington einen Gefallen. Der KGB-Agent und immer bestens informierte DDR-Geheimdienstchef Markus Wolf hatte, was die Regierung Kohl vollständig übersah, sich schon einige Jahre zuvor auf das Ende des Honecker-Regimes eingerichtet.

Mitterrand schaffte es immerhin, die Deutschen einen Preis auch an Paris für die Wiedervereinigung zahlen zu lassen. Bei einem Besuch in den Räumen der Bundesbank in Frankfurt beteuerte jedenfalls Finanzminister Waigel, Mitterrand habe während der Zwei-plus-Vier-Gespräche über die deutsche Einheit die französische Zustimmung von Kohls Plazet zur Europäischen Währungsunion abhängig gemacht. Eine Version, die plausibel klingt. Wenn es so war, dann hat Kohl in Maastricht nur einen zusätzlichen und den wohl teuersten Preis für die Wiedervereinigung seines Landes gezahlt.

Daß das Ergebnis von Maastricht deutschen Interessen entspricht, hat kein wirklicher Sachkenner ernsthaft behauptet. Kohl wurde in Maastricht hereingelegt, weil er seinen romanischen Gegenspielern Mitterrand und Andreotti nicht gewachsen war – aber auch, weil ihm die Mark nicht genug wert war, um für sie zu kämpfen.

Das war derselbe Andreotti, der 1993 in Rom beschuldigt wurde, als langjähriger Ministerpräsident die Interessen der Mafia vertreten zu haben. Die Mafia pro Maastricht? Warum nicht. Schließlich hält sie bis zu einem Drittel der italienischen Staatsanleihen, schließlich ist sie Hauptnutznießer des EG-Subventionsbetruges, der von kompetenter Seite auf 20 Milliarden Mark im Jahr geschätzt wird. Selbstverständlich denkt und operiert die Mafia europäisch. Sie profitiert vom Verschwinden der Grenzen, und der Gedanke, die Lira-Anleihen in Papiere von besserer Bonität umtauschen zu können, kann ihr nicht unsympathisch sein.

Kohls Niederlage in Maastricht

Ironischerweise war der Kanzler nicht einmal präsent, als die Würfel in Maastricht fielen. Bereits am Sonntagabend, dem 8. Dezember, noch vor der Eröffnung des Gipfels, empfing François Mitterrand in seinem außerhalb der Stadt gelegenen Hotel den italienischen Ministerpräsidenten Giulio Andreotti. Was die beiden sich ausdachten, war vollendeter Macchiavellismus: Sie würden die strengen deutschen Vertragsbedingungen akzeptieren (obwohl Italien sie gar nicht erfüllen konnte) und dafür die deutsche Verpflichtung einfordern, spätestens 1999 automatisch und unwiderruflich mit der Währungsunion zu beginnen. Die anderen Südeuropäer und Irland wurden mit der vertraglichen Zusage neuer Umverteilungsgelder geködert.

Als ihm diese französisch-italienische Abmachung präsentiert wurde, konnte oder wollte Kohl nicht mehr ablehnen. In einem eigenartigen Akt des Widerstandes hatte er noch auf einer mitternächtlichen Pressekonferenz am 9. Dezember den Vorschlag aus Rom und Paris scharf abgelehnt, das geplante Eurogeld »ECU« zu nennen. Aber auch diese in Deutschland unbeliebte Bezeichnung des neuen Geldes wurde im Vertrag festgeschrieben – was Finanzminister Waigel freilich nicht davon abhält, immer wieder so zu tun, als sei ein »ECU«-Geld in Maastricht überhaupt nicht vereinbart worden.

Die vielleicht überzeugendste Erklärung dafür, wie es zu Maastricht kam, gab mir ein Mitglied des Zentralbankrats, des obersten Organs der Bundesbank: »Kohl wollte ursprünglich nur unterschreiben, wenn es eine Klammer zwischen Politischer Union und Währungsunion gäbe. Aber nachdem es Frankreich in Maastricht gelungen war, dem Kanzler den Termin des 1. Januar 1999 abzuringen, ließen sie Deutschland im Regen stehen, als es um die Politische Union ging. Wenn ich auf die letzten zwei, drei Jahre zurückblicke, sind wir auf die Währungsunion zugetrudelt.«

Dazu konnte es nur kommen, weil das politische Bonn sich ein halbes Jahrhundert nach Kriegsende immer noch mit der Formulierung nationaler Interessen schwer tut, weil in der deutschen Demokratie nicht offen diskutiert wird, weil im Parlament zu wenige unabhängige Köpfe und zu viele Ja-Sager sitzen. Der öffentliche Diskurs bleibt flach, schwammig und geistlos. »Die Regierung hat nur billige Reklame gemacht«, sagte der wirtschaftspolitische Chefkommentator der »Süddeutschen Zeitung«, Franz Thoma, als ihm am 16. Januar 1993 in München der Freiheitspreis der Stiftung Demokratie und Marktwirtschaft verliehen wurde. Thoma wunderte sich darüber, warum sich die Politiker hinter einen Vertrag stellten, den sie für schlecht hielten: »Das Meinungsdiktat einiger weniger in Bonn hat sich durchgesetzt. Es ist erstaunlich, wie wenig Zivilcourage es in der Politik gibt. So mancher Spitzenpolitiker sagte mir vertraulich, er sei gegen die Währungsunion. Offiziell aber ist er dafür.«

Maastricht, ein Komplott? Daß auch deutsche Politiker anders reden als sie denken, mag zum Geschäft gehören. Daß sie aber darüber hinaus gegen ihre Überzeugung etwas tun, was sie ohne Einwirkung von außen unterlassen hätten, scheint ein zwanghafter Reflex auf die Niederlage von 1945 zu sein. Und einige der europäischen Partner sind offenbar immer noch auf die Vergangenheit und das alte Spiel der Einkreisung fixiert. Am 12. Mai 1993 verriet Lord Tebbit, einer der engsten Weggefährten von Margaret Thatcher und ein erklärter Gegner von Maastricht, vor einem dänischen Publikum in Kopenhagen, welche Motive wirklich hinter dem Vertrag stehen. »Maastricht wurde entworfen«, so Lord Tebbit, »um der Gefahr vorzubeugen, daß die Deutschen wieder einmal in ihre Panzer steigen und Europa überrollen.«

Nicht, daß Lord Tebbit, der englische Nationalist, derartige Befürchtungen geteilt hätte. Eine von Deutschland ausgehende Gefahr, so belehrte er umgehend die Maastricht-Freunde, sei heute gar nicht mehr vorstellbar. Wenn überhaupt, dann kämen diese Deutschen allenfalls in ihren Mercedes' und BMW's.

KAPITEL 2

Der unbekannte Vertrag

»Ich wiederhole: Dieses Europa wird 1997 beziehungsweise 1999 eine gemeinsame Währung haben.«

HELMUT KOHL
am 13.12.1991 vor dem Bundestag.

»Müssen wir die Deutsche Mark opfern, wie vielfach behauptet wird? Die klare Antwort ist: Nein!«

THEO WAIGEL
am 12.2.1992 in Kiel.

»Widersprüchlich, verwirrend, gefährlich.«

Das Urteil eines Richters am Europäischen Gerichtshof über den Vertrag von Maastricht, laut »Spiegel« Nummer 11/93

Es fällt auf, daß die Freunde des Vertrages von Maastricht oft in falschen Metaphern sprechen. Als das dänische Volk am 2. Juni 1992 den Vertrag mit knapper Mehrheit ablehnte, erklärte Bundeskanzler Kohl: »Wir wollen das Tempo nicht drosseln, sondern wir wollen es forcieren ... Der Zug wird nicht angehalten, sondern wir fahren weiter.« Bei anderer Gelegenheit sagte Kohl, der europäische Zug könne überhaupt nicht mehr angehalten werden. Aber wer will schon in einem Zug sitzen, der erstens immer schneller fährt und zweitens nicht mehr gestoppt werden kann? Die Fahrgäste können einem leid tun.

Ein anderes Musterbeispiel politischer Sprachkunst: da wurde der deutsche Außenminister Genscher gefragt, ob ein bestimmtes Protokoll des Vertrages neu verhandelt werden könne, um den Iren die Zustimmung zu erleichtern. Darauf Genscher: »Es kommt nicht in Frage, die Büchse der Pandora des Maastrichter Vertrages zu öffnen.« Ein kurzer Blick in die griechische Mythologie belehrt uns, daß das verführerische Weib Pandora den Fehler beging, ein im Haus des Epimetheus stehendes Faß zu öffnen – und es flogen die Übel heraus und verbreiteten sich über die ganze Erde. Aus dem Faß wurde die sprichwörtliche »Büchse der Pandora«. Wollte Genscher etwa sagen, Maastricht stecke voller Übel?

Und besonders unsinnig ist die Propagandabehauptung, ein Scheitern des Maastrichter Vertrages bedeute einen »Rückschritt für Europa« – so, als seien alle europäischen Errungenschaften dann gekündigt und abgeschafft. Davon kann keine Rede sein. Die europäische Zusammenarbeit einschließlich des 1993 begonnenen Binnenmarktes beruht auf einer Reihe von Abkommen (von der Europäischen Gemeinschaft für Kohle und Stahl 1951 bis hin zur Einheitlichen Europäischen Akte von 1987), die selbstverständlich auch ohne Maastricht in Kraft blieben. Und es war eine böswillige Unterstellung, so zu tun, als hätten die Dänen 1992 oder die Schweizer bei ihrem späteren Referendum zu »Europa« nein gesagt. Die europäische Zusammenarbeit wollen sie alle – es fragt sich nur, zu welchen Bedingungen. Die Vermutung, Maastricht werde Europa schaden, hat mehr für sich als die Behauptung, es werde Europa voranbringen.

Ich empfehle jedem Leser dringend, den Vertragstext beim Presse- und Informationsamt der Bundesregierung in Bonn kostenlos anzufordern. Hier eine Zusammenfassung der wesentlichen Inhalte:

(1) Die Politische Union bleibt ein vages Ziel

Der »Vertrag über die Europäische Union«, den von deutscher Seite die Minister Genscher und Waigel unterzeichnet haben, ist kein in sich geschlossener Text, sondern enthält umfangreiche Änderungen und Ergänzungen zu früheren europäischen Verträgen – sowie 17 Protokolle, die rechtlich bindend sind, und 33 Erklärungen, die dies nicht sind. Drei der Protokolle betreffen Dänemark. Zum Beispiel wird dort sichergestellt, daß es zu keinem Ausverkauf dänischer Ferienimmobilien an Deutsche kommt.

Formal steht der Vertrag auf drei Säulen: Erstens erweitert er die aus den Römischen Verträgen von 1957 hervorgegangene Europäische Gemeinschaft (EG) zu einer Wirtschafts- und Währungsunion. Zweitens erwähnt er das Ziel einer gemeinsamen Außen- und Sicherheitspolitik. Drittens enthält er Bestimmungen, die in die Justiz- und Innenpolitik der Mitgliedsländer eingreifen.

Kommentar dazu: Da sich die deutsche Delegation in Maastricht mit ihrem Hauptanliegen, einer wirklichen Politischen Union, nicht durchsetzen konnte, bleibt dieser Teil äußerst vage. Als »Ziel« der Europäischen Union wird lediglich genannt: »die Behauptung ihrer Identität auf internationaler Ebene, insbesondere durch eine gemeinsame Außen- und Sicherheitspolitik, wozu auf längere Sicht auch eine Festlegung einer gemeinsamen Verteidigungspolitik gehört, die zu gegebener Zeit zu einer gemeinsamen Verteidigung führen könnte.«

Die Unterschriften auf dem Vertrag waren kaum trocken, da wurden diese Absichtserklärungen auf die Probe gestellt: im ehemaligen Jugoslawien. Die Serben führten einen von langer Hand vorbereiteten Eroberungskrieg gegen ihre Nachbarn, Millionen von Menschen wurden vertrieben, über 100 000 verloren das Leben. Mit dem Krieg verletzte Belgrad alle Prinzipien der europäischen Friedensordnung, ein verhängnisvolles Präjudiz wurde geschaffen.

Wenn es je eine Situation gab, in der die EG geschlossen handeln mußte, dann diese. Paris und London aber verhielten sich so, als sei die Welt 1914 stehengeblieben. Sie sorgten dafür, daß die Serben die besseren Karten bekamen. Hinter dem Rauchschleier endloser sogenannter Friedensverhandlungen und humanitärer Hilfsaktionen konnte sich Belgrad in großen Teilen Kroatiens festsetzen und den neuen Kleinstaat Bosnien zerschlagen. Da die Serben über genügend Waffen und Munition verfügten, traf das Embargo hauptsächlich die

Angegriffenen. Die Logik dieser neuen Entente zwischen Paris und London richtete sich ganz eindeutig gegen die früheren Verbündeten Deutschlands und Österreich-Ungarns. Es müsse verhindert werden, so der frühere französische Außenminister Dumas, daß Deutschland den Ersten (!) Weltkrieg nachträglich gewinne. Statt gemeinsamer europäischer Außenpolitik die Rückkehr zu einer antiquierten Geopolitik: hinter den Kulissen wurde Serbien, unter völliger Mißachtung des Kriegsvölkerrechts und der Menschenrechte, als Gegengewicht gegen einen imaginären deutschen Einfluß auf dem Balkan gestützt. Der Vernichtungskrieg gegen Bosnien machte aus dem außenpolitischen Teil des Vertrages von Maastricht Makulatur.

Im Mai 1993 bezog der französische Philosoph Bernard-Henri Lévy Stellung gegen seine eigene Regierung, verlangte ein militärisches Eingreifen gegen Serbien und warnte:»Sonst gibt es morgen tausend Milosevics und noch viel verheerendere Kriege.« Lévy prangerte den regierungsamtlichen französisch-britischen Zynismus an:»Schande einem Europa von Maastricht, das seine Fundamente auf die Asche von Sarajewo stellt!«

Eher von symbolischem Wert ist die Einführung einer europäischen»Unionsbürgerschaft«. Sie beinhaltet keinen Grundrechtskatalog, sieht aber vor, daß die Unionsbürger in Drittländern den diplomatischen und konsularischen Schutz anderer Mitgliedsstaaten erhalten, falls ihr eigener Staat dort nicht repräsentiert ist. Wichtiger: EG-Angehörige erhalten dort, wo sie gerade ihren Wohnsitz haben, das aktive und passive Wahlrecht bei Kommunal- und Europawahlen. Davon ist vor allem Deutschland betroffen: die hier lebenden Italiener, Portugiesen und Spanier dürfen wählen. Umgekehrt dürfen dies die Deutschen in diesen Ländern selbstverständlich auch – nur leben dort wenige.

Mit diesen Bestimmungen wird der demokratische Begriff des»Bürgers« ausgehebelt. Denn dieser neue europäische Unionsbürger ist eben nicht mehr der allein stimmberechtigte, in seiner Gemeinde verwurzelte, dem Gemeindewohl verantwortliche Staatsbürger, sondern eine unter Umständen beliebige, kulturell wurzellose und heimatlose Person. Beispiel: Moslems, die wegen des französischen Kolonialerbes in Frankreich die Staatsangehörigkeit erhielten, können dann als »europäische Unionsbürger« in eine deutsche Gemeinde ziehen und sich dort in die kommunalen Parlamente wählen lassen. Was bliebe dann von Europa mit seinen großen geistigen Überlieferungen?

(2) Die bürokratische Macht der EG wird ausgedehnt

Die Gemeinschaft – und das heißt konkret die Kommission in Brüssel – erhält im Prinzip fast unbegrenzte Kompetenzen. Ihre Tätigkeit erstreckt sich zum Beispiel auch auf die Sozialpolitik, den »sozialen Zusammenhalt«, die Förderung der Forschung, den Gesundheitsschutz, das Kulturleben, den Verbraucherschutz, den Katastrophenschutz und den Fremdenverkehr. Gleichzeitig wird auf das sogenannte »Subsidiaritätsprinzip« Bezug genommen und versprochen, daß die Entscheidungen »möglichst bürgernah« getroffen werden sollen.

Kommentar dazu: Der Hinweis auf das Subsidiaritätsprinzip kann wohl nicht ernst gemeint sein. Richtig verstanden bedeutet es, daß der Einzelne jede an ihn herantretende Aufgabe selbst erfüllen soll, soweit er dazu fähig ist, und daß die kleinere Gemeinschaft das Recht und die Pflicht hat, selbst zu verwalten, was sie aus ihrer Nähe zu den Dingen und genauerer Kenntnis der Sachverhalte besser beurteilen kann. Die größere Gemeinschaft darf erst dann eingreifen, wenn die kleinere Gemeinschaft die Grenzen ihrer Möglichkeiten erreicht hat.

Man sieht auf den ersten Blick, daß die EG in einem systemimmanenten Gegensatz zu diesem Subsidiaritätsprinzip steht. Sie verkörpert das Gegenteil davon. Eine Bürokratie wie die der EG, die den zulässigen Mindestdurchmesser für europäische Äpfel auf 55 Millimeter festlegt, komplizierte Euro-Normen für »angefeuchtete Tabake zum Lutschen« erläßt und immerhin bereits Rechtsakte im Umfang von 10 000 Textseiten produziert hat, wird auch durch Maastricht nicht die höheren Weihen der Subsidiarität empfangen. Der katholische Linksintellektuelle Delors weiß genau, worum es hier geht: um einen Propagandatrick. Niemand in Brüssel denkt ernsthaft daran, den bürokratischen Apparat zu verkleinern, einen Teil der unübersichtlichen EG-Vorschriften wieder abzuschaffen oder etwa die Kommissare demokratischer Kontrolle zu unterstellen.

Hier wird die eigentliche Schwäche des Vertrages deutlich: diese »Europäische Union« ist weder ein Bundesstaat noch ein Staatenbund, sondern eine demokratisch nicht legitimierte bürokratische Quasi-Diktatur. Die Union ist ein völkerrechtlicher Zwitter:

• Ein europäischer Bundesstaat würde voraussetzen, daß die Europäer eine verfassunggebende Versammlung wählen und daß auf verfassungsmäßigem Wege eine europäische Regierung und ein europäisches Parlament zustande kommen. Die Kommission in Brüssel wäre dann überflüssig, die französische Atomstreitmacht müßte unter europäische Befehlsgewalt kommen, und die Deutschen hätten in einem demokratisch gewählten europäischen Parlament mehr Abgeordnete als jedes andere europäische Volk. Begreiflich, daß ein solcher Bundesstaat nach dem Vorbild der USA nicht erwünscht ist.

• Ein Staatenbund wiederum – also de Gaulles »Europa der Vaterländer« – würde zwar eine weitgehende europäische Zusammenarbeit ermöglichen, die Nationen in ihrer Identität aber intakt lassen. Auch diese Konstruktion würde die EG-Kommission überflüssig machen. Ein Staatenbund bräuchte keine Vorschriften über den Krümmungsgrad von Gurken, über EG-konformen Rohmilchkäse, über Traktorensitze und Autorückspiegel. Er bräuchte auch keine EG-weite Sozialgesetzgebung und Einkommensumverteilung. Er würde die Nationen so akzeptieren, wie sie sind – und selbst die Abneigung der Bayern gegen Chemie-Bier in Kauf nehmen. In einem Staatenbund wäre es auch nicht denkbar, daß ein EG-

Kommissar Bangemann (dies geschah tatsächlich 1992) von der britischen Regierung nachdrücklich verlangt, sie solle den Import pornographischer Erzeugnisse nach England nicht behindern.

Sie sehen, was gemeint ist: Es gab und gibt zwei praktikable, einleuchtende, demokratisch einwandfreie und juristisch saubere europäische Konzeptionen – einen Bundesstaat und einen Staatenbund. Keine dieser Möglichkeiten wurde gewählt. Stattdessen konstituiert sich Europa in einem juristischen Niemandsland mit einem Parlament in Straßburg, dem entscheidende Befugnisse fehlen, und das nicht nach dem Prinzip »one man, one vote« gewählt werden darf, und mit einer Kommission in Brüssel, die nicht demokratisch legitimiert ist und in der Praxis nahezu unkontrolliert schaltet und waltet. Europa wird von Kommissionen, Räten und Komitees regiert.

Nach den Buchstaben der Europäischen Verträge wird EG-Europa zwar vom »Europäschen Rat«, in dem die zwölf Staats- und Regierungschefs sitzen, regiert – beziehungsweise von 23 »Räten«, die sich aus den Fachministern der nationalen Regierungen zusammensetzen. Genau genommen: Die Räte bilden die Legislative, die EG-Kommission stellt die Exekutive dar. Wo bleibt da das Parlament in Straßburg? Es dient als Feigenblatt. Denn ein europäisches Volk, das von Straßburg repräsentiert werden könnte, existiert noch nicht – und ebenso wenig eine europäische öffentliche Meinung, die ihren Ausdruck in diesem Parlament finden könnte. Einem solchen Schein-Parlament mehr Rechte zu geben, würde das Problem nicht lösen. Straßburg würde sich letzten Endes immer auf die Seite des EG-Zentralismus in Brüssel schlagen.

Man kommt um die Feststellung nicht herum: EG-Europa ist als Räterepublik konstruiert. Die wirkliche Macht in Räterepubliken lag aber immer bei den Kommissionen und Komitees. Die Öffentlichkeit nimmt nicht wahr, wer hinter den Kulissen die Drähte zieht. Einmal ist dies die (demokratisch nicht legitimierte) EG-Kommission, von der gar nicht bekannt ist, daß sie sich auf bestimmten Gebieten ein Vetorecht gegen

Entscheidungen der Ministerräte angemaßt hat. Und zum anderen ist dies eine völlig unbekannte und ganz im Hintergrund arbeitende Kommission mit dem Namen COREPER (Committee of Permanent Representatives). Offiziell untersteht sie dem EG-Rat und bereitet seine Arbeit vor. In Wirklichkeit bestimmt sie die tägliche Europapolitik und lenkt weitgehend den EG-Rat beziehungsweise die EG-Räte. Interessant: Die EG-Kommission nimmt an allen Sitzungen von COREPER teil. Da schließt sich der Kreis: Beide Kommissionen zusammen bilden die Spitze der bürokratischen EG-Diktatur. In diesem Europa sind Exekutive und Legislative nicht klar voneinander getrennt. Von Gewaltenteilung und Demokratieprinzip kann keine Rede sein.

Wirklich kontrollieren kann diese Bürokratie niemand. Bei 22000 Direktiven, Entscheidungen und anderen Dokumenten allein im Jahr 1991 ist dies auch gar nicht möglich. Kein Politiker, kein nationales Parlament blickt noch durch. Und das Europaparlament in Straßburg? Es genierte sich nicht einmal, in einer Entschließung zur Ratifizierung des Vertrages von Maastricht aufzufordern, obwohl seine Zustimmung zu diesem Vertrag überhaupt nicht erforderlich war! Peinlich, peinlich. Zugleich aber werden auch die nationalen Parlamente systematisch entmachtet, denn ein immer größerer Teil der Verordnungen und Gesetze (künftig 80% laut Delors) wird in Brüssel vorbereitet und beschlossen: ein schier unaufhaltsamer Demokratieabbau.

Verglichen mit den USA, bleiben den EG-Staaten in manchen Bereichen weniger Zuständigkeiten als den amerikanischen Bundesstaaten. Andererseits aber ist die allgegenwärtige und zugleich politisch schwache EG-Bürokratie unfähig, eine gesamteuropäische Außen- und Sicherheitspolitik zu formulieren.

Wohin die Reise geht, macht eine gravierende Änderung am Maastrichter Vertragstext deutlich, die – von der Öffentlichkeit unbemerkt – irgendwann zwischen dem 11. Dezember 1991 und dem 7. Februar 1992, dem Datum der feierlichen Unterzeichnung, vorgenommen wurde.

Ursprünglich war in Artikel 3b von den Bereichen die Rede, die nicht unter die »ausschließliche Jurisdiktion« der EG fallen – später wurde dies in »ausschließliche Zuständigkeit« abgeändert. Der Unterschied: »Jurisdiktion« ist ein rechtlicher Begriff und exakt definierbar. Was nicht unter die Jurisdiktion der EG fällt, geht sie nichts an. »Zuständigkeit« ist hingegen ein dehnbarer Begriff. Er erlaubt es, daß sich die EG in Zukunft für fast alles »zuständig« fühlt, einschließlich Erziehung, Bildung und Kultur, die nach deutschem Recht nicht einmal Bundes-, sondern Länderangelegenheit sind. Der Vertrag von Maastricht erweitert die Zuständigkeiten der EG von bislang 11 auf künftig 20 Politik-Bereiche. Die nationalen Regierungsapparate werden teilweise, die deutschen Bundesländer weitgehend überflüssig.

(3) Das Europäische Währungsinstitut, wozu?

Laut Vertrag hat es unter anderem die Aufgabe:
• »die Zusammenarbeit zwischen den nationalen Zentralbanken« sowie die »Koordinierung der Geldpolitiken der Mitgliedstaaten« zu verstärken;
• »Konsultationen« zu Fragen durchzuführen, die in die Zuständigkeit der nationalen Zentralbanken fallen;
• die Verwendung der ECU zu »erleichtern« und die »technischen Vorarbeiten für die ECU-Banknoten zu überwachen«;
• den Regierungen und Notenbanken »Empfehlungen« zur Währungspolitik zu unterbreiten;
• und Währungsreserven zu verwalten, die dem Währungsinstitut von nationalen Notenbanken überstellt werden können.

Das Europäische Währungsinstitut (EWI) wird von einem Rat geleitet, dem der EWI-Präsident und die Präsidenten der nationalen Zentralbanken angehören. Vertreten sind alle EG-Staaten, also auch die mit extrem hoher Verschuldung und überdurchschnittlich hohen Inflationsraten.
Kommentar dazu: Die Bundesbank behält zwar nach dem

1. Januar 1994 zunächst die Verantwortung für die deutsche Geldpolitik, das EWI kann ihr aber »Empfehlungen« geben. Und sie kann im EWI überstimmt werden, denn die Deutschen sind dort nicht stärker vertreten als zum Beispiel Portugal oder Griechenland. Es sei denn, sie stellen neben dem Bundesbankpräsidenten auch noch den EWI-Präsidenten. Außerdem haben es die Partner in der Hand, das EWI aufzuwerten, indem sie ihm nach eigenem Gutdünken Währungsreserven überstellen.

Mit anderen Worten: Bereits ab 1994 bekommt die Bundesbank Konkurrenz, und dies auf eigenem Boden – in Frankfurt. Konflikte sind denkbar, fast vorprogrammiert. Die anderen Europäer haben dann erstmals ein publizitätswirksames Forum, auf dem sie die Bundesbank unter Druck setzen können. Was Bonn verschweigt: die Bundesbank wollte dieses Währungsinstitut nicht. »Ein Europäisches Währungsinstitut wurde von uns nicht befürwortet«, stellte dazu im Februar 1992 Wilhelm Nölling klar, der Präsident der Landeszentralbank in Hamburg.

Polemischer ausgedrückt: Im Europäischen Währungsinstitut nehmen die Mitglieder der europäischen Inflationsgemeinschaft erstmals gleichberechtigt neben dem Vertreter der Bundesbank Platz. Die geldpolitische Souveränität der Bundesrepublik bleibt zwar bestehen, die Bundesbank muß sich jedoch auf Empfehlungen und Einmischungen gefaßt machen.

Und selbst wenn es dann später doch nicht zur eigentlichen Währungsunion und zum Eurogeld kommt, so existiert doch ein vertraglich verankertes Gremium, das mit eigenen Währungsreserven spielen darf und die Bundesbank unter Druck setzen kann – ohne zugleich echte Verantwortung zu tragen. Das EWI als Weichmacher der Mark? Die Bundesbank wird sich Einmischungen von dieser Seite widersetzen. Ob sie aber die Erosion ihrer Macht wirklich wird verhindern können? Wenn das Währungsinstitut erst einmal aus dem Ei geschlüpft ist, wird es auch flattern wollen: keine neue Bürokratie ohne eigene Machtambitionen.

(4) Spätestens 1999 wird die Bundesbank endgültig entmachtet

1997, spätestens aber am 1. Januar 1999, soll die Endstufe der Währungsunion beginnen. Kurz vorher nimmt eine »Europäische Zentralbank« (EZB) ihre Arbeit auf. Am ersten Tag der Währungsunion entscheiden die EG-Finanzminister einstimmig über die Umrechnungskurse, auf die die nationalen Währungen unwiderruflich fixiert werden, sowie über die Wechselkurse, zu denen diese Währungen später in Eurogeld umgetauscht werden.

Spätestens am 1. Januar 1999 verliert die Deutsche Bundesbank ihre Zuständigkeit für die deutsche Geldpolitik. Die Verantwortung geht dann vollständig auf die EZB über. Die Bundesbank und die anderen nationalen Notenbanken werden zwar nicht abgeschafft, sie handeln aber dann nur noch »gemäß den Richtlinien und den Weisungen« der Europäischen Zentralbank. Außerdem müssen spätestens 1999 die nationalen Gold- und Devisenreserven zu einem noch nicht genau festgelegten Teil an die EZB ausgehändigt werden. Die Bundesbank mit den größten Devisen- und Goldreserven Europas verspricht, eine fette Beute zu werden.

Der Vertrag läßt die Möglichkeit offen, daß die nationalen Währungen – einschließlich der Deutschen Mark – nach 1999 noch eine Zeitlang im Umlauf bleiben, und zwar zu Wechselkursen, die nicht mehr geändert werden können. Wenn dann zum Beispiel drei Französische Francs eine Mark wert sind, ist es im Prinzip gleichgültig, ob der Käufer mit Mark oder Franc zahlt. Denn: Dies sind keine souveränen Währungen mehr. Und die Bundesbank wird den Wert der Deutschen Mark nicht mehr steuern können. Denn sie verliert jede Kontrolle über den Preis des Geldes, das heißt den Zins, sowie über die Größe der umlaufenden Geldmenge. Dafür ist dann ausschließlich die Europäische Zentralbank zuständig.

In einem letzten Schritt werden dann – entweder schon 1999 oder auch später – die nationalen Banknoten eingezogen und durch die gemeinsame Europawährung ersetzt. Laut

Vertrag wird sie »ECU« (European Currency Unit = Europäische Währungseinheit) heißen. Die Denomination des hundertsten Teils davon (Centime? Pfennig? Penny?) wurde im Vertrag von Maastricht vergessen und muß noch festgelegt werden.

Kommentar dazu: Jeder Nationalökonom weiß, daß wirtschaftliche Rahmenbedingungen nicht auf acht oder zehn Jahre im voraus beurteilt werden können. Das gilt für Konjunktur und Wachstum nicht weniger als für Geldwert und Zinsen. »Es ist unmöglich«, meinte dazu Professor Karl Schiller, »unsere Zukunft auf längere Zeit seelenruhig vorauszuplanen, ohne Rücksicht darauf, was beim Nachbarn vor sich geht.«

Genau dies tut – nach Art der irrealen Wirtschaftspläne des verblichenen Moskauer Politbüros – der Vertrag von Maastricht. Die Bundesbank hatte Bonn aufgefordert, die Währungsunion nicht von starren Zeitplänen, sondern ausschließlich von der Erfüllung bestimmter wirtschaftlicher Voraussetzungen abhängig zu machen. Kohl hörte nicht auf den sachkundigen Rat. »Diese zentrale Bedingung ist aufgegeben worden«, konstatierte dazu Wilhelm Nölling, Landeszentralbankpräsident in Hamburg.

Und wenn es dann doch schiefgeht, wenn das neue Eurogeld von den Bürgern und den internationalen Finanzmärkten als Wertaufbewahrungsmittel nicht akzeptiert wird, dann wird es kein Zurück geben. »*Die Teilnehmer sind auf Gedeih und Verderb miteinander verbunden. Daraus ergeben sich besonders für die Bundesrepublik beträchtliche Stabilitätsrisiken*«, so Nölling.

Noch nie in der Wirtschaftsgeschichte wurde versucht, 340 Millionen Menschen mit einem Sozialprodukt von fast 9 Billionen Mark vom grünen Tisch weg eine künstliche Einheitswährung zu oktroyieren. Es ist ein Großexperiment ohnegleichen, dessen Ausgang niemand vorhersehen kann, dessen Risiken nach Meinung fast aller Experten enorm sind. Um so verwunderlicher, daß jeder Schritt von vornherein für unumkehrbar erklärt wird. Besonders Kanzler Kohl wird nicht müde, auf diese »Irreversibilität« hinzuweisen. Niemand soll Gelegenheit haben, es sich im Lichte neuer Erfahrungen noch einmal anders zu überlegen. Niemand soll abspringen dürfen. Alle Teilnehmer werden auf ein »Prokrustesbett« (so Nölling) genagelt. Der Vertrag von Maastricht gilt für alle Ewigkeit, niemand darf später aus diesem Europa austreten. Kohl und Mitterrand, zwei politische Führer, die sich dem politischen Ruhestand nähern, besaßen die Anmaßung, den nachfolgenden Regierungen und Parlamenten jegliches Umdenken verbieten zu wollen. Die Deutschen und Franzosen sollen später nicht mehr sagen dürfen: wir wollen die Mark und den Franc nun doch lieber behalten, oder etwa: wir wollen statt einer egalitären EG-Bürokratie einen europäischen Bund freier Staaten.

Die übelste Täuschung freilich besteht darin, daß Bonner Finanzpolitiker die Öffentlichkeit mit der Behauptung zu beruhigen versuchen, die Mark werde ja nicht unbedingt schon 1999 abgeschafft. Oder: man könne vielleicht die eine Seite des Eurogeldes mit dem Aufdruck »Mark« versehen. Wenn Volkswirtschaft in Deutschland Schulfach wäre, was sie leider nicht ist, würden nicht einmal Vierzehnjährige darauf hereinfallen. Denn: Geldscheine sind zunächst nichts anderes als bedruckte Papierfetzen. Die Regierungen können sie Lira, ECU oder auch Mark nennen – die Bezeichnung als solche bedeutet nichts. Entscheidend ist immer, wer für den Wert dieses Geldes zuständig ist. Für den Wert der Mark war bisher die Bundesbank verantwortlich. Spätestens ab 1999 hat sie – falls der Maastrichter Vertrag bis dahin nicht geplatzt ist – damit nichts mehr zu tun. Genauer: Ihre Stimme im Europäischen Zentralbankrat wiegt dann nicht schwerer als die Portugals oder Italiens. Frankfurt kann jederzeit überstimmt werden. Ob die Währung, mit der deutsche Hausfrauen dann einkaufen, immer noch Mark oder bereits ECU heißt, ist vollständig unerheblich.

(5) Konvergenz, oder: Wer darf mitmachen?

Die Bundesregierung wird nicht müde, auf die angeblich strengen Beitrittsbedingungen zur Währungsunion hinzuweisen:

• Erstens darf die Inflation der Verbraucherpreise nicht mehr als 1,5 % über der Geldentwertung derjenigen drei Länder liegen, die die niedrigsten Inflationsraten der EG aufweisen.

• Zweitens darf das jährliche Haushaltsdefizit des Beitrittskandidaten nicht mehr als 3 % des Bruttoinlandproduktes (das heißt des Wertes aller produzierten Güter und Dienstleistungen) ausmachen. Und zusätzlich darf die gesamte aufgelaufene Staatsverschuldung 60 % des Bruttoinlandproduktes nicht überschreiten.

• Drittens dürfen die langfristigen Zinssätze der Beitrittskandidaten um höchstens 2 % über denen in den drei »stabilsten« Ländern liegen – und die Kandidaten dürfen zwei Jahre lang ihre Währung nicht von sich aus abgewertet haben.

Kommentar dazu: Erstens wurde für die Inflation kein absoluter, sondern ein relativer Maßstab gewählt. Nicht etwa Preisstabilität ist die Voraussetzung zum Beitritt, sondern vielmehr eine Inflationsrate, die nicht übermäßig von der der anderen abweicht. Das bedeutet: Die Europäische Währungsunion kann mit einer nahezu beliebigen durchschnittlichen Inflationsrate beginnen.

Das Maastrichter »Protokoll über die Konvergenzkriterien« verlangt zwar »Preisstabilität«, versteht darunter aber »stabile Inflation«. (Auch Kohl und Waigel verwechseln beides immer wieder.) Deswegen dies fürs Notizbuch: Nur Preise, die nicht steigen, sind »stabile« Preise. Inflation ist immer Inflation, auch wenn sie »stabil« bei 4 % liegt. Bei 4 % »Preisstabilität« à la Maastricht hat sich der Wert eines Geldvermögens innerhalb von 20 Jahren mehr als halbiert.

Zweitens enthält der Vertrag keine Vorschriften für einen ausgeglichenen Staatshaushalt oder gar die Rückzahlung öffentlicher Schulden. Er geht vielmehr davon aus, daß die

Schulden auch künftig wachsen – nur bitte nicht schneller als mit 3% des Sozialproduktes. Und dies Jahr für Jahr.

Übersehen wurde dabei, daß der Prozentsatz der aufgelaufenen Gesamtschulden am Sozialprodukt auch dann zunimmt, wenn die Neuverschuldung jährlich »nur« um 3% steigt, die Wirtschaft aber langsamer als 3% wächst. Dann wird nämlich die genannte 60%-Marke (auch in Deutschland) automatisch erreicht und überschritten.

Und, besonders wichtig: Länder mit einer jährlichen Neuverschuldung von über 3% des Sozialproduktes (oder mit über 60%, bezogen auf den gesamten Schuldenberg) werden keineswegs automatisch von der Währungsunion ausgeschlossen. Denn der Automatismus des Vertrages betrifft nur den Zeitplan, nicht die Konvergenz-Kriterien. Am Ende werden die europäischen Regierungschefs selbst darüber beschließen, wer teilnehmen darf. Und der Vertrag enthält eine Reihe von Gummibestimmungen, die es ermöglichen, die 3%- und die 60%-Vorschrift zu umgehen.

Seit Maastricht unterschrieben wurde, ist ohnehin der Schuldenberg in Europa schneller als zuvor gewachsen, weil der Beginn des Binnenmarktes ironischerweise mit einer Rezession zusammenfiel. In Großbritannien und Deutschland, ganz abgesehen von Italien und Griechenland, sind die öffentlichen Defizite neuerdings außer Kontrolle geraten. Die Vorbedingungen für eine »Stabilitätsgemeinschaft« fehlen vollständig.

Außerdem: Will man wirklich im Jahre 1999 Italien, ein Gründungsmitglied der EG, draußen vor der Tür stehenlassen? Das ist wohl nicht ernsthaft geplant. Aber richtig ist auch: Falls eine spätere deutsche Regierung den Vertrag doch noch scheitern lassen will, braucht sie nur diesen Hebel zu benutzen und die sogenannten »Konvergenz-Kriterien« (nämlich Schulden und Inflation) eng und buchstabengetreu auszulegen.

Die Zinshöhe und andere hier nicht besprochene Beitrittsbedingungen werden voraussichtlich kein größeres Hindernis für den Beitritt zur Währungsunion darstellen. Vor allem die Zinsen können von den Notenbanken rechtzeitig so manipuliert werden, daß sie in den Rahmen von Maastricht passen.

Fazit: Entweder sind die Beitrittsbedingungen nicht ernst gemeint und werden großzügig ausgelegt – dann beginnt die Währungsunion spätestens 1999 als europäische Inflationsgemeinschaft. Oder aber sie werden streng interpretiert – dann können 1999 vielleicht nur zwei oder drei Länder (und vielleicht nicht einmal Deutschland) teilnehmen. Dann aber geriete die Währungsunion zur »Farce«, um das Direktoriumsmitglied der Deutschen Bundesbank, Professor Otmar Issing, zu zitieren.

Wie fiktiv dieser Vertrag ist, geht auch daraus hervor, daß 1992 nur Luxemburg alle Beitrittsbedingungen erfüllte – mit einer Neuverschuldung von unter 3% und einem gesamten Schuldenstand von weniger als 60% des Sozialprodukts. Deutschland verfehlt das 3%-Ziel seit 1991, Frankreich hat es 1993 erstmals deutlich verfehlt. Wäre es nicht vernünftiger gewesen, die Europäer hätten erst ihre Finanzen in Ordnung gebracht und sich dann über eine Währungsunion unterhalten?

Das Schlimme ist, daß der Vertrag den Pilz der Spaltung nach Europa trägt. Nachdem in Maastricht schon die Osteuropäer draußen vor der Tür blieben, droht nun auch noch die Zweiteilung des Europas der Zwölf. 1992 kam es sogar zu Geheimverhandlungen zwischen Bonn und Paris über eine deutsch-französische Währungsunion, das heißt über ein Europa der zwei Geschwindigkeiten. Es wird sich herausstellen, daß Kohl und Mitterrand mit diesem unausgewogenen, unreifen Vertrag Europa geschadet haben und den Kontinent vielleicht sogar in eine schwere Krise stürzen.

(6) Wie unabhängig wird die Europäische Zentralbank?

»Die künftige Europäische Zentralbank«, so Finanzminister Waigel, »wird ein Statut haben, das mindestens ebenso gut ist wie das der Deutschen Bundesbank.« Das stimmt: in einem Protokoll zum Vertrag von Maastricht wird festgelegt, daß die europäischen Zentralbankiers keine »Weisungen« von Regierungen oder von EG-Organen entgegennehmen dürfen. Die Zentralbank ist insofern unabhängig.

Kommentar dazu: Juristisch ist alles in Ordnung, wie aber wird die Praxis aussehen? Im Rat der Europäischen Zentralbank (EZB), der die geldpolitischen Entscheidungen trifft, werden die sechs Mitglieder des EZB-Direktoriums und die Gouverneure der nationalen Zentralbanken sitzen. Die Direktoren, zu denen der EZB-Präsident und sein Vize zählen, erhalten einmalige Verträge mit einer Laufzeit von acht Jahren. Falls sie dann nicht schon im Pensionsalter sind, werden sie an die Fortsetzung ihrer Karriere denken müssen – und damit ist ihre persönliche Unabhängigkeit möglicherweise bereits gefährdet. Und die nationalen Gouverneure? Sie werden von ihren Regierungen für mindestens fünf Jahre bestellt, können nicht vorzeitig abberufen werden, stehen aber nach Ablauf ihrer Amtszeit immer wieder vor dem Problem, ob sie noch das Vertrauen ihrer Regierung genießen und weitermachen dürfen. Werden die Gouverneure aus Ländern wie Italien oder Spanien, falls sie nicht ohnehin politische Figuren ihrer Heimatländer sind, in der EZB im Ernstfall zinspolitische Beschlüsse unterstützen, die ihrem Land schaden? Niemand kann das im voraus wissen. Vorhersehbar ist aber das Dilemma dieser nationalen Gouverneure: Wenn zum Beispiel die Wirtschaft in Deutschland floriert und gleichzeitig in Italien Rezession herrscht, werden dann die Zinsen eher erhöht oder gesenkt? Loyalitätskonflikte sind schwer vermeidbar.

Im übrigen verbreitet die Bundesregierung falsche Vorstellungen darüber, wie die Unabhängigkeit einer Zentralbank praktisch funktioniert und was sie für den Geldwert bedeutet. Deswegen einige Richtigstellungen:

• Inflation kann die verschiedensten Ursachen haben: zu hoher privater Konsum, zu hohe Staatsschulden, übermäßige Lohnsteigerungen, Lohn-Preis-Spiralen, teure Rohstoffimporte (zum Beispiel Ölpreisexplosionen), Steuererhöhungen usw. In der Regel aber ist die Geldentwertung in einem Land mit konservativer Geldkultur niedriger als in einem Land mit einem laxen Verhältnis zu Geld. Die Notenbank hat darauf nur geringen Einfluß. Jedes Volk hat letzten Endes das Geld, das es verdient. Und 1999 sollen die Deutschen ein Geld bekommen, das sie nicht verdient haben.

• Eine Europäische Zentralbank kann zwar Zinsen festsetzen und die europäische Geldschöpfung beeinflussen, sie kann aber nichts daran ändern, daß sich im Europageld eine gesamteuropäische Geldkultur widerspiegelt – so wie die Deutsche Mark das Ergebnis deutscher Geldkultur ist. Sie wurde nach 1948 nur einmal, nämlich 1949 abgewertet, die anderen europäischen Währungen unzählige Male. Es dauerte lange, bis sich die Mark uneingeschränktes Vertrauen erworben hatte. Den Geldwert kann man nicht beschließen. Mit dem Eurogeld würden wir wieder bei Null anfangen.

Die Vorstellung, Inflationsraten würden von der Zentralbank »gemacht«, ist naiv. Selbst in Deutschland gab es Zeiten mit schneller und solche mit langsamer Geldentwertung. Selbst die Mark hat seit 1948 gut zwei Drittel ihres Wertes verloren, das Pfund aber – um nur eine der traditionellen Schwachwährungen zu nennen – über 90 %.

• »Weisungen«, wie sie der Maastrichter Vertrag ausdrücklich verbietet, werden den Notenbanken ohnehin in der Regel nicht erteilt. Die Einflußnahme gestaltet sich subtiler. So sind die Staatsfinanzen in Italien völlig zerrüttet, Inflation und Zinsen liegen seit langem über deutschem Niveau, und Italien dürfte eigentlich an der Währungsunion nicht teilnehmen. Nur: die Bank von Italien ist schon lange de facto unabhängig von der Regierung. Sie entscheidet in eigener Regie über die Zinsen und hat die italienischen Staatsschulden nach Auskunft ihres Gouverneurs seit Jahren nicht mehr finanziert. Das ändert aber nichts an der italienischen Malaise. Ergo: die Unabhängigkeit einer Zentralbank, obwohl wünschenswert und wichtig, garantiert für sich genommen gar nichts.

Kohl wird von Paris desavouiert – und schweigt

Schließlich muß gefragt werden, wie ernst die Nachbarn den Vertrag eigentlich nehmen. Im französischen Fernsehen jedenfalls interpretierte Präsident Mitterrand den Maastrichter Text ganz anders als sein Freund Kohl, wenn er vor dem Bundestag spricht. Mitterrand laut »Frankfurter Allgemeine Zeitung« vom 11. September 1992:

»Die Zentralbank, die künftige Zentralbank, die, wie Sie wissen, erst ab 1997 oder 1999 existieren wird, trifft keine Entscheidungen! Vor allem entscheidet sie nicht über die Wirtschaftspolitik. Es ist der Europäische Rat, es sind die zwölf Staats- und Regierungschefs, das heißt, die durch ein allgemeines Wahlrecht Gewählten, die Entscheidungen treffen werden. Das muß endlich in unsere Köpfe. Es sind nicht die ›Weisen‹ oder die Techniker der Europäischen Zentralbank. Die Techniker der Europäischen Zentralbank sind verpflichtet, auf dem monetären Feld die Entscheidungen des Europäischen Rates auszuführen, getroffen von den zwölf Staats- und Regierungschefs, das heißt von den Politikern, die ihre Völker vertreten. Nun, ich höre überall sagen, im Radio, im Fernsehen, daß diese Europäische Zentralbank Herrin der Entscheidungen sein werde! Das ist nicht wahr!«

Mitterrand brach den Vertrag, noch bevor er in Kraft getreten war. Bonn aber schwieg.

KAPITEL 3

Der Weg ins Finanzchaos

»Unsere Stabilitätspolitik wird zum Modell und zum Maßstab für das neue Europa. Wir exportieren die Deutsche Mark nach Europa.«

THEO WAIGEL
im Dezember 1991

»Selten hat man eine Regierung erlebt, die so vieles in einer so entscheidenden Situation falsch gemacht hat wie die, der die Geschichte die deutsche Wiedervereinigung in den Schoß geworfen hat.«

PROFESSOR WILHELM HANKEL,
Die sieben Todsünden der Vereinigung, Berlin 1993

Nicht viel mehr als ein Jahr war vergangen, seitdem Theo Waigel wohlgemut seine Unterschrift unter das Papier von Maastricht gesetzt und die Mark den anderen zum Vorbild empfohlen hatte, da stand der Finanzminister vor dem Scherbenhaufen seiner Politik. »Der gelernte Jurist hat den Überblick verloren«, schrieb der »Spiegel« am 24. Mai 1993, »seine Prognosen sind beliebig, seine Statistiken meist falsch; eine Strategie gegen das Schuldenchaos besitzt er schon lange nicht mehr.« Leere Kassen in Bonn, die höchste Steuerlast in der Geschichte des Landes, die Leistungsbilanz im Minus, 40% versteckte und offene Arbeitslosigkeit zwischen Elbe und Oder, die deutsche Wirtschaft in der Rezession und dazu ein explodierendes Staatsdefizit – das war das Ende der alles in allem erfolgreichen Nachkriegsgeschichte deutscher Währungs- und Finanzpolitik.

Nun trudelt das 80-Millionen-Volk im Herzen Europas verwirrt und verängstigt in amerikanische Verhältnisse. Die Deutsche Mark wird zur Schuldenwährung. Und die Konfusion ist derart, daß die Regierung Kohl kaum noch eine Vorstellung davon hat, wie groß der Schuldenberg in zwei, drei oder vier Jahren sein wird. Noch 1990 hatten linke Journalisten – entsetzt über die Wiedervereinigung – in einer bösartigen Propagandakampagne das Gespenst eines »Vierten Reiches« an die Wand gemalt. Jetzt ist der Scheinriese offenbar finanziell am Ende. Denn eine »Großmacht«, die ihre Rechnungen nicht bezahlen kann, wirkt nur noch lächerlich.

Tatsächlich präsidiert die Regierung Kohl, die 1982 mit dem Versprechen einer geistigen und eben auch finanziellen Wende angetreten war, über eine beispiellose Zerrüttung der öffentlichen Finanzen, von der sich Deutschland vielleicht nie mehr erholen wird.

Allerdings war es die SPD/FDP-Regierung unter Willy Brandt, die damit begonnen hatte, rücksichtslos auf Kosten späterer Generationen zu wirtschaften. Die kostspieligen »Reformen«, die sie durchdrückte, rissen schon in den siebziger Jahren riesige Löcher in den Staatssäckel und schädigten langfristig die Wettbewerbsfähigkeit der deutschen Wirtschaft – ein Effekt, der erst jetzt voll wirksam wurde und von denselben Arbeitnehmern bezahlt werden muß, die Brandt damals mit törichten Geschenken zu bestechen versuchte.

Ende 1970 hatte die öffentliche Gesamtverschuldung von Bund, Ländern und Gemeinden noch bei 125 Milliarden Mark gelegen – kurz zuvor hatte Franz Josef Strauß als letzter deutscher Finanzminister seinem Nachfolger geordnete Kassen übergeben. Ende 1980 war der Schuldenberg (immer ohne die Defizite von Bahn und Post, die letztlich auch vom Steuerzahler gedeckt werden müssen) schon auf 468 Milliarden angeschwollen.

In den achtziger Jahren schaffte es der Bonner Finanzminister immerhin, das beängstigende Schuldenwachstum zu verlangsamen. Bis Dezember 1989 hatte sich die Last nicht etwa vervierfacht, sondern nur verdoppelt: auf 928 Milliarden Mark. Aber da waren die bevorstehenden »Kosten« der Wiedervereinigung noch nicht zu Buche geschlagen. *Und erstaunlich bleibt, daß der Staat selbst in Zeiten blühender*

Hochkonjunktur keine Mark an Schulden zurückzahlen konnte, sondern immer nur neue machte.

Dabei gelang es zum Beispiel dem vergleichsweise armen England unter Margaret Thatcher, einen ansehnlichen Teil der Staatsschulden zu tilgen, solange die Wirtschaft florierte. Auch eine Reihe anderer Staaten, die nicht so gut dastanden wie Deutschland, nutzten den Wirtschaftsboom, um sich zu entschulden. In Bonn aber wurde unbesorgt weitergewurstelt. Auf die Idee, einen neuen »Juliusturm« zu errichten und Reserven für den Tag der Wiedervereinigung zu bilden, kam niemand. Dabei gab es schon 1987 die ersten Indizien dafür, daß Moskau die sogenannte DDR aufgeben würde. (Und bereits im Februar 1985 habe ich in einem Vortrag im Schloßhotel Kronberg bei Frankfurt die innere Schwäche der kommunistischen Regimes analysiert und vorhergesagt, daß es innerhalb weniger Jahre zur Wiedervereinigung Deutschlands kommen werde.)

In Bonn aber hatte schon die Regierung Brandt die Praxis Ludwig Erhards aufgegeben, jährlich aktualisierte Pläne für den Fall der deutschen Vereinigung bereitzuhalten. Als es 1989 ernst wurde, war das Gesamtdeutsche Ministerium gerade damit beschäftigt, die Geflügelhaltung in der DDR wissenschaftlich zu untersuchen. Kein Wunder, hatte doch selbst Helmut Kohl wenig früher – dies verriet mir ein CDU-Insider – einem französischen Gesprächspartner anvertraut, er sei der letzte deutsche Bundeskanzler, »der gegen die Wiedervereinigung ist«.

Die Bonner Regierung hatte nichts Besseres zu tun, als die miserable Existenz des SED-Regimes mit Hilfe immer neuer Geldinfusionen zu verlängern. Und als die Gewaltherrschaft zusammenbrach, trafen Kohl und Waigel die verhängnisvolle Fehlentscheidung, im Zuge einer dilettantischen Deutschen Währungsunion die Mark der DDR effektiv um 300 bis 400 % aufzuwerten – anstatt sie radikal abzuwerten.

Damit war der Zusammenbruch der mitteldeutschen Wirtschaft – mit katastrophalen finanziellen Folgen – vorprogrammiert. Wie wir später sehen werden, liegen der in Maastricht beschlossenen Europäischen Währungsunion ähnliche Denkfehler zugrunde. Die Konsequenzen werden zwar nicht exakt dieselben, aber doch vergleichbar sein: eine neue, in diesem Fall europäische Lawine von Ansprüchen und Transferleistungen. Bundesbankpräsident Schlesinger warnte schon vor einer europäischen »Transferunion«, die die Währungsunion begleiten werde – vergleichbar mit den jüngsten Erfahrungen nach der deutschen Währungsunion. Wer dann zahlen wird, gilt in den europäischen Hauptstädten schon als ausgemachte Sache: die Deutschen nämlich.

Die tieferen Ursachen des deutschen Finanzchaos sind das in Bonn bestgehütete Geheimnis. Ich werde es im folgenden lüften, den heimlichen Spuren der deutschen Steuergelder nachgehen und nachweisen, daß die jährlichen Milliarden-Defizite kein gottgegebener Schicksalsschlag sind, sondern die Folge einer falschen Politik.

Bis 1995 verdoppeln sich die Staatsschulden auf 2 Billionen

Die Aufklärung der Zusammenhänge und Ursachen ist lebenswichtig, denn die Rechnung, die den Deutschen für diesen falschen Kurs präsentiert werden wird, ist einfach zu hoch. Alles, was in vier Jahrzehnten aufgebaut wurde, steht auf dem Spiel. Deutschland läuft Gefahr, hinter Frankreich zurückzufallen und zum kranken Mann Europas zu werden. Und selbst die Mark, bisher von allen bewundert, droht zu einer zweitklassigen Schuldenwährung zu verkommen, noch bevor sie sich im europäischen Esperanto-Geld auflöst. Das ist keine leere Panikmache. Selbst der frühere Bundesbankpräsident Pöhl, der es eigentlich wissen müßte, warnte: »Die Gefahren sind so groß, daß es einem Wunder gleichkäme, wenn die D-Mark nicht in eine schwere Krise gerät.«

Wie lauten die Schlüsselzahlen? Im Mai 1993, als Finanzminister Waigel gerade den mißglückten Versuch machte, sich nach München abzusetzen, schockierte die Deutsche

Bundesbank die Öffentlichkeit mit alarmierenden Statistiken. Danach haben Bund, Länder und Gemeinden 1992 103 Milliarden Mark an neuen Krediten aufnehmen müssen, Bahn, Post und Treuhandanstalt zusätzliche 59 Milliarden – und hinzu kamen Milliardenschulden in den verschiedensten Schattenhaushalten des Bundes, die euphemistisch »Sondervermögen« genannt werden und die selbst für erfahrene Finanzexperten kaum noch überschaubar sind. Die Staatsausgaben waren 1992 auf 53 % des Bruttosozialprodukts gestiegen; die Abgabenquote in Form von Steuern und Sozialbeiträgen erreichte die Rekordmarke von 41,5 % des Sozialprodukts; Staat, Bundesländer, Kommunen und Treuhand absorbierten 60 % der inländischen Nettoersparnis.

Legt man die engstmögliche Definition zugrunde, dann war die gesamtdeutsche Staatsschuld Ende 1992 auf 1345 Milliarden Mark gestiegen. Darin nicht enthalten sind: die Schulden von Bahn und Post, die Verbindlichkeiten der Treuhandanstalt und des Kreditabwicklungsfonds, die aus der deutschen Währungsunion herrühren. Als die Landeszentralbank in Bayern sich im Frühsommer 1993 die Mühe machte, alles zusammenzurechnen, kam sie für Ende 1992 statt der 1345 Milliarden auf sage und schreibe 1670 Milliarden Mark Schulden! Eine Summe, die demnach um mehr als 300 Milliarden höher liegt als die Zahlen, mit denen die Regierung in Bonn gerne operiert. Und dies sind wohlgemerkt bereits existierende, nicht zukünftige Schulden. Und in den 1670 Milliarden sind weder die ökologischen Altlasten der verblichenen DDR noch die Risiken enthalten, die auf Bonn wegen der Bürgschaften für die staatliche Hermesversicherung zukommen. Fazit: Nach menschlichem Ermessen wird die gesamte deutsche Staatsschuld bis 1995 auf 2000 Milliarden Mark angewachsen sein. Das ist eine Verdoppelung innerhalb von fünf Jahren! 1000 Milliarden in so kurzer Zeit, mit denen nicht einmal die Wirtschaft in den neuen Bundesländern flottgemacht werden konnte. Warum nicht, werden wir später sehen.

Mit Schulden läßt sich's unter Umständen fröhlich leben, nicht aber mit diesen. Denn sie gehen einher mit einer schnell zunehmenden Konfiszierung privater Einkommen durch den Staat, mit einer Absenkung des Lebensstandards breiter Schichten durch Steuer und Inflation. 1990 noch lag die durchschnittliche Belastung der deutschen Bruttolöhne mit Steuern und Sozialabgaben bei 40,1%. Bis 1995 dürfte sie nach Berechnungen des Bundes der Steuerzahler auf 45,7% zunehmen. Das wäre nicht nur eine neue Rekordmarke, sondern auch ein in der Geschichte der Bundesrepublik beispielloses Tempo der Steuer- und Abgabensteigerung.

Ich behaupte keineswegs, daß der Staat grundsätzlich keine Schulden machen darf. In einer Rezession können Staatsschulden dabei helfen, die Wirtschaft wieder anzukurbeln – das ist vernünftig. Gelder, die in sinnvolle Projekte fließen und mit denen die neuen Bundesländer aufgebaut werden, sind Investitionen in die Zukunft. Sie können ebenso rentabel sein wie die Fremdfinanzierung eines aufstrebenden Unternehmens. Es kommt eben immer darauf an, wofür sich der Staat verschuldet und ob die Schulden vor künftigen Generationen verantwortbar sind – oder ob sie die Leistungsfähigkeit der Volkswirtschaft und den Staatshaushalt dauerhaft überfordern.

Schon 1992 hat die Zinsbelastung etwa 10% aller öffentlichen Ausgaben erreicht. Jede zehnte Mark, die der Staat ausgab, wurde für die Bedienung alter Schulden verwendet. Von 1991 bis 1992 stiegen diese Zinsausgaben um gut 30%! Man muß sich einmal vorstellen, was das bedeutet: Diese – völlig unproduktiven – Zinsausgaben waren 1992 genauso hoch wie die Sachinvestitionen von Bund, Ländern und Gemeinden zusammengenommen. (Und sie hatten rund die Hälfte aller Ausgaben erreicht, die 1970 bei Bund, Ländern und Gemeinden anfielen.) Damit verlieren die Haushalte jeden Spielraum. Der Staat muß sich immer höher verschulden, nur um die alten Schulden bedienen zu können. Zurückgezahlt wird nichts mehr. Es herrscht das Prinzip: Nach uns die Sintflut.

Die Deutschen verspielen ihre Zukunft, sie wissen es nur noch nicht. Denn: wegen der äußerst ungünstigen Altersstruktur werden diese Schulden einerseits und die Renten und

Pensionen andererseits irgendwann nach der Jahrhundert-
wende nicht mehr finanzierbar sein. Ein junges Volk kann es
sich vielleicht leisten, über seine Verhältnisse zu leben; ein
rasch alterndes Volk müßte Reserven bilden und Vorsorge für
die Zukunft treffen.

Während Frankreichs Alterspyramide auf einem soliden Ju-
gendsockel steht und Schweden zum kinderreichsten Volk
Westeuropas wurde, bringen die Frauen in Deutschland im
Durchschnitt nur noch 1,4 Kinder zur Welt. Es wären aber
durchschnittlich 2,1 Kinder notwendig, damit der Stand der
Bevölkerung nur gehalten wird. In absoluten Zahlen: 1965
wurden noch über eine Million Geburten registriert, als Folge der Ära Brandt mit ihrer neuen Moral halbierte sich die
Zahl der deutschen Geburten.

Und die fehlenden Kinder könnten da sein, wären sie nicht
millionenfach auf Krankenschein abgetrieben worden.
Deutschland leistet sich den Widersinn, die Kosten des Alters
voll und ganz zu sozialisieren, das heißt von der Gemeinschaft tragen zu lassen, die Kosten eines Kindes aber, das
später die Rolle des Steuerzahlers spielen soll, zu zwei Drit-
teln den Familien aufzubürden.

Ungeahnte Verteilungskämpfe werden spätestens dann
ausbrechen, wenn die Renten und Pensionen nicht mehr be-
zahlbar sind, weil der Nachwuchs fehlt. Das ist nur eine Frage der Zeit. Von 1970 bis 1987 schrumpfte der Anteil der Jun-
gen an der Bevölkerung dramatisch: von 23,2 auf 14,6%. Seitdem stiegen die Geburten wieder etwas an, aber dies ist nach
Angaben des Bevölkerungswissenschaftlers Professor Josef
Schmid nur ein vorübergehender Echo-Effekt auf den Gebur-
tenberg vor über 20 Jahren, der jetzt mehr Heiraten zur Folge hat und noch in den neunziger Jahren verebben wird.
Heute kommen 36 Rentner auf 100 Erwerbstätige in Deutschland, im Jahr 2030 werden es voraussichtlich 74 sein. Die Be-
völkerungspyramide wird auf dem Kopf stehen, sie wird
nach oben zu immer breiter.

Ein Volk wie das deutsche derart altern und schrumpfen zu
lassen, nennt Professor Schmid ein »Abenteuer ohne Wieder-

51

kehr«. Dies bedrohe Lebensqualität und Rang des Staates. Konkreter ausgedrückt: Deutschland steuert, weil sich die christliche Regierung für das Geburtendefizit und den Skandal der Abtreibungen nicht zuständig fühlt, auf eine unhaltbare Situation zu, in der im Extremfall ein arbeitender Mensch einen alten Menschen oder einen Arbeitslosen mitzuernähren hat. Jeder kann sich ausrechnen, daß dann entweder die Arbeitseinkommen oder die Renten (oder beides) drastisch gekürzt werden müssen. Das ist dann der nationale Notstand, den die heute lebende mittlere Generation noch erleben wird, falls nicht radikal umgedacht wird – der aber keinen Politiker wirklich interessiert. Denn dann sind sie ja nicht mehr in Amt und Würden.

Warum sind diese düsteren Perspektiven für das Thema dieses Buches so wichtig? *Weil wir begreifen müssen, daß sich Deutschland – nun auch noch wegen der Anlauf- und Folgekosten von Maastricht – zu einem Zeitpunkt übernimmt und finanziell ausblutet, da sich das Land dies am allerwenigsten leisten kann.* (Und weil die ohnehin schon unsichere Altersversorgung der jetzt arbeitenden Deutschen nicht auch noch durch eine zusätzliche Inflationierung dank Eurogeld entwertet werden darf. Und weil zu hohe Steuern dem selbständigen Mittelstand die Möglichkeit nehmen, selbst Vorsorge für das Alter zu treffen.) Die Endrechnung könnte unbezahlbar werden, und sie wird mit Sicherheit nach der Jahrhundertwende präsentiert, wenn die Zahl der Deutschen um vielleicht zehn Millionen und die der Verdiener im erwerbsfähigen Alter noch viel stärker zurückgehen wird.

Deutschland lebt jetzt schon von der Substanz, obwohl es ein wohlhabendes Land ist. Mit den Finanzen stimmt irgendetwas nicht, und zwar unabhängig von den Kosten der Wiedervereinigung. Es ist fast so, als hätte der Staatssäckel ein unsichtbares Loch, das zum Tabu erklärt wurde. Dabei ist die Erklärung einfach: Deutschland spielt, obwohl die Kassen längst leer sind, mehr denn je den Zahlmeister Europas und (in geringerem Maße) der ganzen Welt.

1991 wurden 47 Milliarden Mark an das Ausland verschenkt

Jahrelang wurden Journalisten, die in Brüssel nach dem genauen Betrag der deutschen Einzahlungen in die EG-Kasse recherchierten, abgewimmelt. Auch Bonn zeigte sich nicht gerade auskunftsfreudig. Tu' Gutes und rede nicht darüber, war das Motto. Man wollte den Steuerzahler nicht auf falsche Gedanken bringen. Dabei kann sich jeder über die exakten Zahlen selbst kundig machen. Im Monatsbericht der Deutschen Bundesbank, eines völlig propagandafreien Werkes, gibt es nämlich eine Rubrik mit dem Titel »Übertragungen an das bzw. vom Ausland«. Und damit keinerlei Mißverständnisse möglich sind, ist in Klammern hinzugesetzt: »unentgeltliche Leistungen«.

Es handelt sich um einen Saldo, also um Netto-Ziffern: Was die Deutschen unentgeltlich aus dem Ausland bekommen, ist von dem, was sie dorthin zahlen, bereits abgezogen. Die privaten Übertragungen interessieren uns dabei nicht. Sie sind ohnehin seit Jahren ziemlich stabil und lagen 1991 bei 11,38 Milliarden Mark − darunter als größter Posten die Überweisungen der Gastarbeiter in ihre Heimat in Höhe von 7 Milliarden.

Aber dann wird die Spur heiß: die »öffentlichen unentgeltlichen Leistungen« an das Ausland summierten sich 1991 auf sage und schreibe 47,783 Milliarden Mark. Davon könnte ein kleinerer Staat bequem leben, und es war mehr als die veranlagte Einkommensteuer von 1991 in Höhe von 41,2 Milliarden Mark!

Mit anderen Worten: hätte es diese Geschenke an das Ausland nicht gegeben, dann hätte der Fiskus − rein theoretisch natürlich − auf die veranlagte Einkommensteuer ganz und gar verzichten können. Dies nur, um die Größenordnung deutlich zu machen.

Zugegeben, 1991 war kein typisches Jahr, weil damals auch noch für den Golfkrieg gezahlt werden mußte. Nicht nur an die USA selbst, sondern auch noch an verschiedene

Länder im Nahen Osten. Außenminister Genscher war damals durch die Gegend gereist und hatte bei jedem Stop das Scheckbuch gezückt, kaum war er dem Flugzeug entstiegen. Hinterher stellte sich heraus, daß die Deutschen und die Japaner weitaus mehr für den Golfkrieg bezahlt hatten, als er kostete. Aber der Finanzminister brachte es nicht übers Herz, die Differenz zurückzufordern. Wenn diese Regierung der Vorstand einer Aktiengesellschaft wäre und vor den Aktionären für die Mittelverwendung geradestehen müßte, wäre dies wohl längst ein Fall für den Staatsanwalt. Aber es geht hier gar nicht so sehr um die verunglückte Golfkriegs-Scheckdiplomatie. Auch wenn wir das Jahr 1991 mit seinen außergewöhnlichen Belastungen überblättern, ändert sich nichts am Gesamtbild: Deutschland leistet sich den Luxus, Jahr für Jahr mehr für ausländische Stellen, internationale Organisationen und eben auch an die Europäische Gemeinschaft zu überweisen. Schon 1990 wurde eine Gesamtsumme von 25,39 Milliarden erreicht, 1992 war sie auf 37,55 Milliarden Mark angestiegen.

Dies sind, um es zu wiederholen, nur die »unentgeltlichen« Leistungen. Hinzu kommen niedrigverzinsliche, weiche Kredite an das Ausland in Milliardenhöhe, die nie zurückgezahlt werden; kostenlose Sachlieferungen und Kreditbürgschaften, die abgeschrieben werden müssen und eines Tages dem Steuerzahler zur Last fallen. Ein Dschungel, den niemand durchblickt – Milliardensummen, die auch die Bundesbank nicht erfaßt. Allein innerhalb der letzten zehn Jahre dürfte sich das alles auf einen dreistelligen Milliardenbetrag summiert haben, über den nie offen und ehrlich Rechenschaft abgelegt wurde.

Das wäre alles schön und gut, gäbe es in Bonn noch genug zu verteilen. Aber der fabelhafte Onkel ist gar nicht mehr reich. Er hat ein großes Minus auf dem Konto, er kann seine Schulden nicht mehr zurückzahlen, er macht ständig neue, weil er nicht Nein sagen kann. *Noch widersinniger ist, daß sich Deutschland neuerdings im Ausland verschulden muß, um Geld im Ausland verteilen zu können.* Der am schnellsten wachsende Einzelposten sind dabei die deutschen Zahlungen an die EG. 1986 waren es noch 7,98 Milliarden Mark, 1991 schon 18,36 Milliarden, 1992 fast 23 Milliarden. Und dies sind, wohl gemerkt, immer Netto-Zahlen. Was aus Brüssel an deutsche Landwirte oder Großunternehmen (der deutsche Mittelstand profitiert ohnehin nicht von der EG) zurückfließt, ist schon abgezogen. Für die EG kann sich durchaus begeistern, wer nicht gerade in Deutschland wohnt und deutsche Steuern zahlt.

Trotz Wiedervereinigung zahlt Bonn mehr an die EG

Das Merkwürdige an der enormen Höhe dieser EG-Zahlungen ist, daß sie in die Zeit nach der Wiedervereinigung fielen. Und da war Deutschland eben kein reiches Land mehr – weder gemessen an der staatlichen Kassenlage noch gemessen am Volkseinkommen oder an der Wirtschaftsleistung pro Kopf. Mit 34.670 Mark Bruttoinlandsprodukt pro Einwohner – wobei die Kaufkraftparitäten bereits berücksichtigt sind – lag das wiedervereinigte Deutschland 1991 nur noch an neunter Stelle in der EG. Hinter Großbritannien, aber noch deutlich vor Spanien. Mitteldeutschland ist heute die am unterentwickeltste Region der gesamten EG.

Wer nun annimmt, daß die anderen dies beim EG-internen Finanzausgleich berücksichtigt hätten, der kennt Brüssel nicht. Es wurde so getan, als habe sich nichts geändert. Die Deutschen mußten weiterhin zahlen, als habe es keine Wiedervereinigung gegeben. Sie sind im Europaparlament noch immer kraß unterrepräsentiert. Und die deutsche Sprache ist in Brüssel immer noch nicht gleichberechtigt, obwohl das Land nun (einschließlich der hier ansässigen Ausländer) fast 80 Millionen Einwohner zählt, Frankreich oder Großbritannien aber nicht einmal 60 Millionen. Noch im März 1993 lehnte es die parlamentarische Versammlung des Europarates ab, Deutsch neben Englisch und Französisch als dritte Amtssprache einzuführen. Die Deutschen sollen zahlen und – zumindest auf deutsch – den Mund halten.

Auf Dauer kann dieses Arrangement nicht funktionieren. Selbst der zurückhaltende Professor Issing von der Deutschen Bundesbank stellte öffentlich die Frage, ob denn die Bundesrepublik nun nicht auch finanziell »anspruchsberechtigt« sei. Und die Bundesregierung wird wohl durchsetzen können, daß die neuen Bundesländer mehr EG-Mittel als bisher erhalten. Gleichzeitig aber beginnen die Engländer, bisher mit weitem Abstand hinter Deutschland die zweitgrößten Nettozahler, zu murren. Nur: Wie soll das System funktionieren, wenn es am Ende nur noch Anspruchsberechtigte gibt?

Hier werden die fatalen Konsequenzen des Vertrages von Maastricht deutlich: Er verankert zum ersten Mal verbindlich das Prinzip der innereuropäischen Umverteilung und wird mit Sicherheit eine Lawine neuer Subventionsforderungen auslösen – und dies zu einer Zeit, da der bewährte Zahlmeister Deutschland selbst kein Geld mehr hat. In Deutschland sind die Grenzen der Belastbarkeit längst überschritten, die Steuern liegen weit über denen in Ländern wie England oder Portugal. Vorhersehbar ist also, daß der deutsche Steuerzahler irgendwann rebellieren wird – und dann steht den Europäern ein gewaltiger Familienkrach ins Haus. Es war falsch und verhängnisvoll, das innerstaatliche Prinzip der Umverteilung auf die europäische Ebene zu verpflanzen.

Hinzu kommt, daß die Bundesrepublik mit den unübersehbaren Risiken, die aus der Tiefe Osteuropas heraufziehen, von ihren Verbündeten allein gelassen wird. Sie können sich das leisten, weil sie keine gemeinsamen Grenzen mit Osteuropa haben. Nach Berechnungen der EG-Kommission, die im April 1993 bekannt wurden, brachte Deutschland seit 1989 in Form von Cash und Kreditgarantien 80 Milliarden Mark für Rußland und andere GUS-Staaten auf, Frankreich aber nur vier Milliarden und Großbritannien nur eine Milliarde Mark. Die USA stellten umgerechnet 13,5 Milliarden Mark zur Verfügung. Deutschland zahlt wie eine Supermacht und läßt sich wie ein Zwerg behandeln. Da wird blitzartig deutlich, daß die europäische Ordnung nach dem Ende des Kalten Krieges auf dem Rücken der Deutschen errichtet werden soll. Und dies nicht nur finanziell. Mit der Unterzeichnung des Deutschlandvertrages am 12. September 1990 erloschen zwar die Rechte der vier Siegermächte in beiden Teilen Deutschlands, gleichzeitig aber mußten die Deutschen auf ihre Ostgebiete und für immer auf Nuklearwaffen verzichten sowie zusagen, die Bundeswehr auf 370 000 Mann abzurüsten. Damit ist die Bundesrepublik militärisch schwächer als zum Beispiel die Ukraine und als ausschließlich konventionelle Militärmacht, im Gegensatz zu England und Frankreich, nicht allein verteidigungsfähig. Als letzter harter Rest deutscher Souveränität blieb nach diesem Arrangement nur noch die Verfügung über die eigene Währung. Bis dann Kohl, Genscher und Waigel ein gutes Jahr später diesen Zentralbereich deutscher Selbstbestimmung auch noch opferten – nämlich in Maastricht. Wie sagte doch Mitterrands Busenfreund Jacques Attali, dessen in London angesiedelte Europa-Bank kürzlich wegen Geldverschwendung Schlagzeilen machte? »Es ist das vorrangige Ziel von Maastricht, die Deutsche Mark loszuwerden«, so Attali.

Wer nicht begreift, worauf das alles hinausläuft, muß ein unpolitischer Mensch sein. Ihm ist zu empfehlen, gelegentlich der intellektuell dumpfen Atmosphäre Deutschlands zu entfliehen, den Zug nach Paris zu nehmen und sich dort Nachhilfeunterricht in Sachen Realpolitik geben zu lassen. In Frankreich wird wenigstens offen diskutiert, dort sind die Buchhandlungen voll mit intelligenten Veröffentlichungen für und gegen Maastricht. Deutschland aber leidet und schweigt. Hier wird Politik dekretiert, nicht debattiert. Das Parlament ließ sich zur Abstimmungsmaschine erniedrigen. Eine breite öffentliche Diskussion über Pro und Contra von Maastricht hat bisher nicht stattgefunden, sie war auch gar nicht erwünscht. Daß sie nachgeholt werden wird, ist mehr als wünschenswert, es ist unvermeidlich.

Wenn Maastricht den Zweck gehabt haben sollte, die Völker Europas enger zusammenzuschließen, dann wurde dieses Ziel bereits verfehlt. Ganz im Gegenteil: seit Maastricht ist die Stimmung zwischen den Europäern so gereizt wie lange nicht mehr, besonders in Italien und England schwelgt ein gewisser Teil der Presse in antideutschen Ressentiments. Selbst in Frankreich bestritten die Anhänger von Maastricht ihre Kampagne für das Referendum am 20. September 1992 ungeniert mit antideutschen Argumenten und Anspielungen. Der ehemalige sozialistische Ministerpräsident Rocard verstieg sich gar zu der Warnung, der 20. September dürfe kein »politisches München« werden, und er fügte wenig diplomatisch hinzu: »Es ist noch gar nicht so lange her, daß wir im Krieg waren.«

»Maastricht, das ist der Versailler Vertrag ohne Krieg«

Interessanterweise waren es in Frankreich die »Internationalisten«, die Abneigung und Haß gegen den Nachbarn schürten. Von den sogenannten »Nationalisten«, denen immer wieder fehlendes europäisches Bewußtsein unterstellt wird, kamen solche Töne nicht. Sie argumentierten zwar gegen Maastricht, aber nicht gleichzeitig auch gegen Deutschland. Charles Pasqua, prominenter Maastricht-Gegner und ein Mann des rechten Spektrums, erklärte sogar, er habe »Vertrauen in das deutsche Volk«. Und Philippe de Villiers vom rechten Flügel der rechtsliberalen UDF, auch er ein bekannter Vertragsgegner, sprach von der »widerwärtigsten Kampagne des Mißtrauens, die gegen Deutschland seit langer Zeit geführt wurde«.

Man sieht, daß die Fronten in Europa längst nicht mehr zwischen den Nationen, sondern durch die Völker hindurch verlaufen. Und paradoxerweise kristallisiert sich im Widerstand gegen die gleichmacherische EG-Bürokratie und gegen den kollektivistischen Vertrag von Maastricht ein neues, ganz anderes europäisches Bewußtsein.

Es war denn auch gar nicht gehässig, sondern analytisch-sachlich gemeint, was Franz-Olivier Giesbert, Chefredakteur der ausgezeichneten französischen Tageszeitung »Le Figaro«, zwei Tage vor dem Referendum schrieb:

»Die Gegner von Maastricht fürchten auch, daß das gemeinsame Geld und die Europäische Zentralbank die Vor-

herrschaft der Mark und der Bundesbank festigen würden. Aber genau das Gegenteil ist der Fall. Wenn der Vertrag angewandt wird, muß Deutschland seine Geldmacht teilen, die es heute gebraucht und mißbraucht, um sich die Wiedervereinigung vom Ausland bezahlen zu lassen. ›Deutschland wird zahlen‹, sagte man in den zwanziger Jahren. Heute zahlt es: Maastricht, das ist der Versailler Vertrag ohne Krieg.«

Giesbert unterlief dabei ein Fehler: Deutschland mißbraucht keineswegs seine Geldmacht, um sich die Wiedervereinigung vom Ausland bezahlen zu lassen. In Deutschland liegen die Zinsen meist tiefer als in den anderen europäischen Ländern. Wenn ausländische Investoren dennoch deutsche Anleihen zeichnen, dann tun sie es freiwillig, weil sie der Mark vertrauen. Verlieren sie aber den Glauben an die Mark, dann werden sie die Anleihen sehr schnell abstoßen. Und niemand kann oder wird sie daran hindern. Ohnehin steht die Theorie vom »deutschen Zinsdiktat« auf schwachen Füßen. Wenn es dieses Diktat gäbe, warum liegen dann die Zinsen in der kleinen Schweiz niedriger als in Deutschland, und warum liegen sie in Italien höher? Und den Fehler, mit einem zu hohen Pfund-Kurs in das Europäische Währungssystem einzutreten, hat London ganz ohne Zutun der Bundesbank gemacht. Fazit: Die oft sehr unterschiedliche Höhe der Inflationsraten, Defizite und Zinsen in Europa hat primär hausgemachte Gründe und geht nicht auf ein angebliches deutsches Diktat zurück. Eine geldpolitische Leitfunktion für Europa hat die Bundesbank durchaus, mehr aber nicht.

In Maastricht ging es eben nicht um hohe europäische Ideale, sondern um die Verteilung von Geld und Macht. Daß der Vertrag den Deutschen teuer zu stehen kommen wird, wird vom Bundesfinanzministerium systematisch vertuscht. Stattdessen ist die Rede vom Nutzen einer gemeinsamen europäischen Währung. Waigel am 12. Februar 1992: »Die Kosten des Währungsumtausches und der Kurssicherung – rund 30 Milliarden DM für alle Länder – werden künftig entfallen.« Und: »Ein Reisender durch alle EG-Staaten würde rund 50 % seines Ausgangsbetrages allein durch Umtauschkosten verlieren.«

Es leuchtet ein, daß jeder gerne 50% einsparen würde. Nur: Was soll diese Berechnung? In einer Broschüre der Bundesregierung kann man nachlesen, was damit gemeint ist: Unser Europäer beginnt seine Reise in Belgien mit einem Startkapital von 40 000 Belgischen Francs, fährt über den Kanal und wechselt die Francs dort in Pfund um, tauscht anschließend seine Pfund in Frankreich in Francs um usw., bis er nach einer Reise durch alle EG-Länder wieder in Belgien ankommt. Und da bleiben ihm nur noch 21 300 Belgische Francs.

Diesen Reisenden gibt es aber nicht. Kein deutscher Tourist käme auf die Idee, in Spanien alle seine DM-Banknoten in Pesetas umzutauschen und anschließend alle Pesetas in Escudos, wenn er nach Portugal will. Der Tourist weiß auch, daß er Spesen spart, wenn er Schecks oder Kreditkarten benutzt. Eine Reise, bei der die Hälfte des Etats für Umtauschspesen verbraucht wird, existiert nur in der Phantasie des Finanzministeriums in Bonn.

Es stimmt durchaus, daß es bequemer wäre, überall in Europa mit demselben Geld zahlen zu können. Es ist auch bequemer, europäische Grenzen unkontrolliert passieren zu können. Aber alles hat seine zwei Seiten. Mit den Grenzkontrollen entfällt eben auch eine sehr kostengünstige Möglichkeit der Verbrechensbekämpfung. Jeder Kriminalbeamte weiß, daß offene Grenzen in Europa eine höhere Polizeidichte in den einzelnen Ländern verlangen, wenn sich die Verteilung der Chancen zwischen Polizei und Kriminellen nicht verschlechtern soll.

Trotz Binnenmarkt wird die Bürokratie schlimmer

Und der Europäische Binnenmarkt, der am 1. Januar 1993 begann, wird nach Meinung vieler mittelständischer Unternehmen in Deutschland – trotz der Öffnung der Grenzen – den europäischen Handel sogar behindern, weil der bürokratische Aufwand enorm steigt. Denn die relativ einfachen, gut eingespielten Grenzkontrollen werden nun mit komplizierte-sten Vorschriften direkt in die Betriebe verlagert. Daß Frei-handel und Binnenmarkt die Exporte effektiv erschweren – zu einer solchen Perversität ist wohl nur der EG-Bürokratis-mus fähig. Die EG-Bürokraten sollten sich einmal mit dem Projekt der nordamerikanischen Freihandelszone und den ganz engen Wirtschaftsverflechtungen zwischen den USA und Kanada befassen. Das funktioniert reibungslos, und zwar ohne einen großen Beamtenapparat und ohne eine gemein-same Währung, die für den Ausbau von Handelsbeziehungen in der Tat noch nie notwendig war.

Die besten Reformen sind immer die, die nichts kosten oder sogar Geld einsparen. Maastricht und Währungsunion gehören nicht dazu. Die Folgelasten sind unübersehbar und müssen endlich auch in Deutschland offen diskutiert werden:

• Selbst wenn die Europäische Währungsunion – eine sehr konservative Annahme – nur dazu führt, daß die Inflation in Deutschland um 1 % höher als zuvor liegt, verringert sich der Wert des Geldvermögens der deutschen Haushalte allein da-durch um rund 50 Milliarden Mark. Nicht einmalig, sondern Jahr für Jahr. Das ist bereits erheblich mehr, als der Geldum-tausch und die Kursabsicherungen der Unternehmen *aller* zwölf EG-Länder nach Waigels Angaben im Jahr kosten. Und auch ohne Maastricht könnten die Banken durchaus dafür sorgen, wenn sie wollten, daß der Zahlungsverkehr innerhalb Europas schneller und billiger funktioniert.

• In Maastricht gingen alle bereits davon aus, daß die schwächeren südeuropäischen Volkswirtschaften für die Währungsunion erst noch fit gemacht werden müssen und daß dies schwere Belastungen mit sich bringt. Einerseits be-geistern sich die Spanier für das Eurogeld, andererseits ver-langen sie neue Subventionen von der EG, um sich auf die Währungsunion vorzubereiten. Ein paradoxes Resultat. Die Deutschen, die mit dem Verzicht auf ihre Mark das eigentli-che Zugständnis machen, sollen den Spaniern und den an-deren einen Ausgleich dafür zahlen, daß sie ihre Schwach-währungen aufgeben, an denen ihnen ohnehin nicht viel gelegen ist. Wer wie die Italiener Banknoten als Notizzettel benutzt, kann nicht übermäßig an der eigenen Währung hängen.

Unwahr ist, daß in Maastricht keine entsprechenden Zusagen gemacht wurden. Der neue »Kohäsionsfonds«, der vor allem für Spanien, Portugal, Irland und Griechenland aus der Taufe gehoben wurde, ist bindender Bestandteil des Vertrages. Außerdem verlangte Jacques Delors, die Mittel für drei andere, bereits bestehende EG-Strukturfonds in den nächsten Jahren nochmals zu verdoppeln, nachdem sich Helmut Kohl schon 1987 eine Verdoppelung hatte abpressen lassen. (EG-Krisen legt der Kanzler vorzugsweise dadurch bei, daß er die Bundesrepublik mehr zahlen läßt.)

Wie hinterlistig die EG-Kommission vorgeht, verriet ihr deutsches Mitglied Peter Schmidhuber am 29. Februar 1992 in einem Interview mit der »Süddeutschen Zeitung«. Das Münchener Blatt hatte nach der neuen fünfjährigen Finanzplanung der EG gefragt und Waigel mit dem Satz zitiert, Deutschland könne die involvierten Summen (»um die 50 Milliarden Mark im Jahre 1997«) nicht aufbringen. Schmidhuber gab daraufhin zu, diese exorbitanten EG-Forderungen seien erst nach der Unterzeichnung des Maastrichter Vertrages auf den Tisch gekommen, weil sie vorher »noch nicht in die politische Landschaft gepaßt« hätten. Verstehen Sie, wie hier gearbeitet wird, wie der deutsche Steuerzahler für dumm verkauft wird?

• Wenn bereits die Vorbereitung auf das Eurogeld neue Finanzhilfen an die ärmeren EG-Mitglieder nötig macht, was wird dann die Währungsunion selbst nach 1999 kosten? Darüber kann man nur spekulieren. Gehen wir einmal davon aus, daß das Eurogeld weniger »stabil« als die Mark, aber »stabiler« als Peseta, Escudo, Lira etc. sein wird – eine europäische Durchschnittswährung eben. Dann wird in Spanien eine traditionelle Weichwährung durch ein härteres Geld ersetzt. Und dann kann Spanien nie mehr abwerten, um den Export zu stimulieren und die Arbeitslosigkeit (sie liegt ohnehin schon über 20 %) abzubauen. Wenn aber das Ventil möglicher

Abwertungen fehlt, fällt die Last der »Anpassung« ganz auf die spanische Wirtschaft. Die Konkurrenzfähigkeit nimmt ab, die Produktion sinkt, die Arbeitslosigkeit steigt – die Subventionen aus Brüssel müssen erhöht werden. Eben dies ist das wohl größte Risiko der Europäischen Währungsunion: daß eine gigantische Umverteilungsmaschinerie in Gang gesetzt wird.

Die Bundesbank hat oft genug darauf hingewiesen, daß die enormen Kosten der deutschen Währungsunion einen Vorgeschmack darauf geben, was in viel größerem Maßstab auf europäischer Ebene geschehen könnte. Denn auch in Mitteldeutschland wurde einer fundamental schwachen Volkswirtschaft über Nacht hartes Geld verpaßt. Die Industrieproduktion schrumpfte um die Hälfte. Riesige Zuschüsse aus Westdeutschland (um die 180 Milliarden DM Jahr für Jahr) wurden notwendig.

Es war ein verhängnisvoller Fehler, daß in Maastricht zusammen mit der Wirtschafts- und Währungsunion auch eine »Sozialunion« beschlossen wurde. Das läuft auf einen innereuropäischen Finanzausgleich hinaus. Wir wüßten gerne vorher, wer das finanzieren soll. Deutschland kann es bestimmt nicht, es würde sich selbst dabei ruinieren.

Die EG als Drehscheibe für Milliarden-Subventionen

Ein neues finanzielles Versailles, das die Deutschen auf immer zur Rolle des Zahlmeisters verdammt, wird den Nachbarn ebensowenig nützen wie das Diktat von Versailles, das nach dem Ende des Ersten Weltkrieges unter ganz anderen Umständen zustande kam. (Wir werden später sehen, warum ein Vergleich zwischen Versailles und Maastricht mehr Unterschiede als Ähnlichkeiten zutage bringt.) Denn alle Europäer profitieren von einer prosperierenden Wirtschaft und einer harten Mark im Zentrum. Und die EG-Subventionen stellen – wie jede staatliche Entwicklungshilfe – eine Form von Verschwendung öffentlicher Mittel dar: den armen Leuten in den reichen Ländern wird Geld genommen, das anschließend den reichen Leuten in den armen Ländern ausgehändigt wird. Was geschieht eigentlich mit dem aus Deutschland gespeisten Geldsegen? Auf Reisen durch Irland, Spanien und Portugal habe ich die dubiosen Auswirkungen immer wieder studieren können. Madrid wurde zu einer der teuersten Hauptstädte der Welt, die Korruption grassierte, die Kluft zwischen der neureichen Klasse des sozialistisch regierten Spaniens und den Armen wurde größer. In Irland profitierte der Wasserkopf Dublin, eine kleine Schicht von Unternehmern sammelte ansehnliche Vermögen an, während sich an den Verhältnissen draußen im Lande und der tiefsitzenden strukturellen Schwäche der irischen Volkswirtschaft nichts änderte. Nicht etwa, daß diese Länder unter Kapitalmangel gelitten hätten – ganz im Gegenteil strömten zu viele heiße Gelder herein. Die portugiesische Zentralbank mußte sogar Maßnahmen gegen Kapitalimporte ergreifen. Geld fehlt in Portugal nicht, wohl aber fehlen portugiesische Betriebsleiter und Geschäftsführer, wie mir ein Unternehmensberater in Lissabon erklärte. Die portugiesischen Universitätsabgänger sind eben mehr an einer sine cure in der unglaublich schwerfälligen Staatsbürokratie interessiert – ein Defizit an unternehmerischer Kultur, das nur von den Portugiesen selbst, nicht aber mit ständigen Subventionen aus Brüssel, behoben werden kann.

Der größere Teil der EG-Hilfen macht überhaupt keinen Sinn. Noch einmal das Beispiel Portugal: Dort lassen sich die Automobilkonzerne Ford und Volkswagen ausgerechnet auf der Halbinsel Setubal, wo Vollbeschäftigung herrscht, ein Werk für Freizeitautos mit 1,7 Milliarden Mark bezuschussen – größtenteils aus EG-Mitteln. Dafür schaffen sie 5000(!) neue Arbeitsplätze. Dies ist das seit Jahren mit Abstand größte Förderungsobjekt der EG in Portugal, und wieder einmal bedienen sich große Konzerne ungeniert aus der EG-Kasse. Teurere Arbeitsplätze hat Brüssel wohl noch nie finanziert.

Und immer noch behauptet die Bundesregierung, die deutschen Milliarden an die EG seien »kein verlorenes Geld, wenn man an die vielen Vorteile denkt, die der große EG-Absatz-markt für die deutsche Wirtschaft bietet«. Welche Vorteile bietet denn die Fabrik in Setubal der deutschen Wirtschaft? Welche Vorteile bietet es, daß sich vier Fünftel aller EG-Agrarsubventionen (der mit Abstand größte Posten im Haushalt) auf ein Fünftel der Landwirte ergießen, die wiederum mehr als die Hälfte allen Agrarlandes besitzen? Welche Vorteile bietet es, daß mindestens 10 % der EG-Gelder in den Taschen der Mafia verschwinden, daß Brüssel zum Eldorado der Subventionsjäger geworden ist, die sich dort aus über 140 verschiedenen Förderprogrammen bedienen – oder daß die 800 EG-Spitzenbeamten mehr verdienen als deutsche Minister?

Anderes Beispiel: Kaum jemand weiß, daß Brüssel 1991 den Tabakanbau in Südeuropa mit 1,329 Milliarden ECU (rund 2,65 Milliarden Mark) subventionierte, wobei ein erheblicher Teil dieses angeblich produzierten Tabaks nur auf gefälschten Formularen existierte und ein fetter Anteil dieser EG-Zuschüsse in die Taschen der Mafia floß. Wie kann das alles »vorteilhaft« für die deutsche Wirtschaft sein? Die EG-Gelder sind wie Manna vom Himmel. Selbst der »Spiegel« kam zu dem Urteil: »*Die EG ist zu einer aberwitzigen Drehscheibe für die Verteilung von Milliarden-Subventionen verkommen.« Und dieses System wurde in Maastricht nicht etwa reduziert und rationalisiert – es soll vielmehr weiter ausgebaut werden.*

(Der Schwerpunkt des deutschen Außenhandels hat wegen der geographischen Nähe immer in Europa gelegen – schon bevor es die EG gab. Wenig bekannt ist übrigens, daß der Außenhandel der EG seit langem langsamer wächst als der Welthandel und daß die deutsche Wirtschaft die riesigen Absatzmärkte in Asien, dem am schnellsten wachsenden Wirtschaftsraum der Welt, sträflich vernachlässigte. Erst jetzt beginnen deutsche Großunternehmen, diesen Fehler zu korrigieren. Wo könnte eine rekonstruierte, exportfähige Wirtschaft der neuen Bundesländer denn eigentlich ihre Absatzmärkte finden? Sicher nicht in der jetzigen EG, sondern in Osteuropa und in Asien.)

Dabei könnten die Europäer alle Vorteile eines gemeinsamen Wirtschaftsraumes umsonst haben: sie bräuchten nur zur Marktwirtschaft zurückzukehren, die überflüssigen und unverständlichen Verordnungen zu streichen und die Euro-Bürokratie samt der Kommission wieder abzuschaffen. In Portugal würde dann selbstverständlich immer noch investiert, denn die Löhne machen dort nur 25 % des deutschen Niveaus aus. Und es hätte die Europäer auch keine ECU gekostet, gemeinsam Front gegen den grausamen Eroberungskrieg der Serben auf dem Balkan zu machen. Ein Maastrichter Vertrag war dazu nicht nötig, nur der Respekt vor europäischen Idealen und der Wille zum gemeinsamen Handeln.

Verzicht auf die Mark – eine Buße für Hitler?

Die diskutierende Klasse in Deutschland, nicht die Deutschen selbst, hat die politische und eben auch moralische Inferiorität der deutschen Nation zu einer Art von Grundgesetz gemacht, aus dem die selbstverständliche Pflicht zum Zahlen abgeleitet wird.

In einer ZDF-Fernsehdiskussion am 5. November 1992 wurde von den Vertragsbefürwortern immer wieder unterstellt, die Deutschen müßten gerade wegen ihrer Vergangenheit Ja zu Maastricht sagen – ein blühender Unsinn.

Insofern ist der Vergleich mit Versailles, den der »Figaro« anstellte, nicht ganz unberechtigt: auch damals diente die These von der moralischen Niederträchtigkeit der Deutschen als Rechtfertigung für die monströsen Reparationen, die der Demokratie von Weimar keine Überlebenschance ließen. Wer Deutschland jetzt – so lange nach dem Krieg – immer noch die Gleichberechtigung verweigert, vergiftet die Atmosphäre in Europa. Andererseits sollte die politische Klasse in Deutschland, deren gelegentlich an Unterwürfigkeit grenzende Demut ein Umkippen in Überheblichkeit keineswegs ausschließt, jeden Gedanken an eine »Großmachtrolle« schnellstens fallen lassen. Denn die kostet noch mehr Geld, und dafür fehlt die Führungselite in Bonn sowieso.

Zu den Lasten dieses seltsamen Zahlmeisters, um ein letztes Beispiel zu nennen, gehörte auch die jahrelang unkontrollierte Aufnahme von sogenannten »Asylbewerbern« aus aller Herren Länder. Die Kosten stehen in keiner Statistik, und selbst der damalige Bonner Innenminister Seiters erklärte, er kenne sie nicht. Eine erste umfassende Zusammenstellung hat der so-zialdemokratische Oberbürgermeister von Pforzheim, Joachim Becker, machen lassen. Danach verursachen die Asylbewerber direkt und indirekt 35 Milliarden Mark Ausgaben im Jahr. Die Bundesrepublik spielte das Auffanglager für ganz Westeuropa und war auch noch stolz darauf, ihr Sozialstaatsprinzip (das heißt staatliche Sozialhilfe für jeden) grundsätzlich allen Bürgern der Welt anzubieten, sofern sie die deutsche Grenze erreichten und überschritten. Die Unfinanzierbarkeit dieses Prinzips, nicht eine imaginäre deutsche »Ausländerfeindlichkeit«, bildete den Kern des Problems.

Daß die Bundesregierung 1992 mit ihrem finanziellen Latein am Ende war, ist aber vor allem auf die falsch eingefädelte Währungsunion mit der DDR zurückzuführen. Der offizielle Standpunkt lautet, man habe die enormen Belastungen der Wiedervereinigung nicht vorhersehen können – so, wie es nach 1999 heißen wird, man habe nicht wissen können, was die Europäische Währungsunion am Ende kosten werde.

Es war aber alles sehr wohl vorhersehbar und ich habe selbst in einem Interview mit einer Münchner Illustrierten schon im Sommer 1990 – kurz nach der Währungsunion – ein »Finanzchaos« in Deutschland prognostiziert. Mehr als zwei Jahre später, im Oktober 1992, erfuhren die Bundesbürger erstmals von ihrer Regierung, daß eine sogenannte »Erblast der DDR« in Höhe von 400 Milliarden Mark existiere, zu deren Tilgung ab 1995 die Steuern erhöht werden müßten. Auf die Frage, wer denn die Gläubiger dieser 400 Milliarden seien und wer das durch die Steuererhöhungen aufgebrachte Geld bekommen solle, antwortete Regierungssprecher Dieter

Vogel am 26. Oktober 1992, das könne er nicht genau sagen. Das muß man sich einmal vorstellen: der Sprecher der Bundesregierung informiert die Öffentlichkeit über eine gewaltige »DDR«-Erblast und weiß selbst nicht, was sich dahinter versteckt.

Wie Bonn Honeckers Schulden übernahm und sogar aufwertete

Was also lief bei der ersten Währungsumstellung des Jahrzehnts, der in Deutschland, eigentlich schief? Warum werden die 1990 gemachten Fehler dem deutschen Steuerzahler hunderte von Milliarden DM kosten?

Die technische Seite der Währungsreform wurde von der Bundesbank generalstabsmäßig perfekt abgewickelt. Rechtzeitig zum Stichtag des 1. Juli 1990 schaffte eine Flotte von Lastwagen frisch gedruckte Banknoten im Betrag von 27,5 Milliarden DM und mit einem Gesamtgewicht von 460 Tonnen auf das Territorium der DDR. Kinder unter 14 Jahren konnten maximal 2000 Mark 1 : 1 umtauschen, Erwachsene bis 59 Jahre maximal 4000 und Erwachsene über 59 Jahre maximal 6000 Mark. Ansonsten wurden zwei Mark der DDR auf eine Deutsche Mark umgestellt. Daraus ergab sich ein durchschnittlicher Umtauschsatz von 1,8 DDR-Mark zu einer Deutscher Mark.

Bis hierhin bewegen wir uns auf dem Boden einfacher, nachprüfbarer Tatsachen. Wie aber konnte es zu jener mysteriösen »DDR-Erblast« kommen, die von Bonn auf 400 Milliarden Mark beziffert wird, die nach Informationen aus Bankenkreisen aber auch auf 600 Milliarden steigen kann und die für ausufernde Staatsverschuldung, ständige Steuererhöhungen und sinkenden Lebensstandard in Westdeutschland hauptverantwortlich ist? Das Bonner Finanzministerium gibt darauf eine simple Antwort, die vom allergrößten Teil der deutschen Presse immer noch geglaubt wird: »Zentrale und ausschlaggebende Ursachen für die finanzielle Erblast der ehemaligen DDR sind 40 Jahre sozialistischer Mißwirtschaft, für die die SED die historische Verantwortung trägt.« Eben diese offizielle Bonner Version ist schlicht und einfach falsch.

Hier wird der Eindruck erweckt, die DDR habe der Bundesregierung einen riesigen Schuldenberg hinterlassen, der bis 1995 auf 400 Milliarden Mark oder höher anwachsen werde. Davon kann aber keine Rede sein. Die Nettovermögensposition der DDR war am Tag der Wiedervereinigung sogar im Plus, wobei allerdings die Forderungen an die frühere Sowjetunion praktisch uneinbringlich waren.

Diese angebliche Erblast wurde nicht hinterlassen, sie wurde erst nach dem Verschwinden der DDR künstlich geschaffen – durch niemand anderen als die Bundesregierung und ausschließlich aufgrund der haarsträubenden Modalitäten der deutschen Währungsunion vom Juli 1990. Dies ist der wohl größte, teuerste und verhängnisvollste Skandal in der Finanzgeschichte der Bundesrepublik Deutschland.

Wie es dazu kommen konnte, ist nicht einfach zu verstehen, dazu sind währungs- und bilanztechnische Vorkenntnisse nötig. Verständlich also, daß die deutschen Wirtschaftsjournalisten gar nicht erst versuchen, es ihren Lesern zu erklären.

Versuchen wir es trotzdem. Zunächst ist ein Blick in die konsolidierte Bilanz des Kreditsystems der DDR per 31. Mai 1990 nötig. (Wir verwenden dabei die von der Bundesbank veröffentlichten Zahlen, die sich noch geringfügig ändern können.) Auf der Aktivseite der DDR-Bilanz standen damals 397 Milliarden DDR-Mark Kredite an inländische Kreditnehmer, davon über 231 Milliarden an Betriebe und über 102 Milliarden an das Wohnungswesen. Diese Kredite wurden bei der Währungsumstellung halbiert und in harte Deutsche Mark umgewandelt, worauf ich später zurückkomme.

Entscheidend bei unserer Betrachtung ist, daß diese 397 Milliarden DDR-Mark keine Kredite im marktwirtschaftlichen Sinn waren – so wie die DDR-Mark keine echte und schon gar keine konvertierbare Währung war. DDR-Banknoten waren nichts anderes als Bezugsscheine für knappe Konsumgüter. Und die DDR-Kredite waren nichts anderes als das Ergebnis von bilanztechnischen Manipulationen. Es waren keine Kredite im betriebswirtschaftlichen Sinn, die zum Zweck realer Investitionen vergeben wurden. In der DDR existierten nie funktionierende Geld-, Kredit- und Kapitalmärkte. Es gab kein Bankensystem, das mit dem im Westen im entferntesten vergleichbar gewesen wäre. Sowohl Währung als auch inländische Schulden der DDR waren fiktiv, man hätte beide am Tag der Währungsumstellung ausbuchen und spurlos verschwinden lassen können. Schon der Begriff der »Währungsunion« zwischen Deutscher Mark und DDR-Mark ist eigentlich irreführend, weil er den Zusammenschluß zweier vergleichbarer Geldsysteme suggeriert.

In der sozialistischen Planwirtschaft, wo auch die Investitionsgüter von oben zugeteilt wurden, konnten sich die Betriebe gar nicht am Kapitalmarkt verschulden, weil es keinen gab. Die Betriebe wurden vielmehr willkürlich und auf Anweisung der zentralen Behörden belastet, zum Beispiel wenn sie Steuern an den Staat abführten, obwohl sie mit Verlust produzierten. Ein erheblicher Teil der DDR-Betriebsschulden erklärt sich tatsächlich daraus, daß die Betriebe gezwungen wurden, sich zu verschulden, um Steuern zu zahlen, obwohl sie rote Zahlen schrieben. Auch wenn sie Investitionsgüter aus dem Westen importierten, durften sie diese nicht etwa aus Gewinnen finanzieren. Sie mußten den Einfuhrpreis, der von Ostberlin zudem künstlich überhöht wurde, mit einem neu aufzunehmenden Kredit begleichen.

Der Frankfurter Professor Wilhelm Hankel schrieb dazu: »Die Deutsche Kreditbank, verlängerter Arm der DDR-Staatsbank, teilte ihre Kredite den DDR-Betrieben und Wohnungsbauunternehmen gemäß Plansoll zu, meist zur Überbrückung von akuten Liquiditätsschwierigkeiten, wenn Löhne ausgezahlt oder Steuern überwiesen werden mußten.«

Es wäre vernünftig und naheliegend gewesen, diesen Berg von Scheinschulden am Tag der Währungsumstellung, dem 1. Juli 1990, mit einem Federstrich verschwinden zu lassen oder ihn zumindest radikal abzuwerten, zum Beispiel auf 10 oder 5%. Nur weil Bonn diesen Weg nicht gehen wollte, entstand die sogenannte »DDR-Erblast«. Unechte Schulden in einer unechten Währung wurden in echte Schulden in einer wirklichen Währung umgewandelt – nämlich in Deutsche Mark. Und sie wurden überdies real aufgewertet, um schätzungsweise 300 bis 400%. Unter dieser neuen Schuldenlast in einer Hartwährung mußte die mitteldeutsche Wirtschaft zusammenbrechen – um so mehr, als der alte DDR-Zinssatz von 0,5% auf westdeutsches Niveau angehoben und damit vervielfacht wurde. Eine unsinnigere Währungsreform ist kaum vorstellbar. Dazu Professor Hankel: »Die Bundesregierung liquidierte zwar die DDR-Staatsbank als mit dem Wegfall des Geldemissionsmonopols überflüssiges Institut, nicht jedoch die Forderungen dieser Staatsbank gegenüber ihrer (ebenfalls überflüssig gewordenen) verselbständigten Kreditabteilung, der Deutschen Kreditbank. Dank dieses Kunstgriffes wurde es möglich, die Alt-Schulden der DDR-Betriebe sowie der Wohnungswirtschaft – trotz Liquidation der beiden Gläubigerinstitute – zu erhalten, wenn auch reduziert auf den halben Betrag in neuer DM.«

Bonn vergiftete lieber die eigene Währung mit dieser widernatürlichen »Währungsunion« anstatt den illegalen und illegitimen Honecker-Staat pleite gehen zu lassen – oder zumindest die DDR-Mark radikal abzuwerten. Im Durchschnitt der Jahre 1987 bis 1989 wurde in den Berliner Wechselstuben nicht mehr als 12,50 DM für 100 DDR-Mark geboten! Und beim Handel mit der Bundesrepublik hatte für DDR-Betriebe effektiv ein Wechselkurs von einer Deutschen Mark für 4,40 DDR-Mark gegolten. Die Währungsunion mit der sogenannten »DDR«, bei der im Durchschnitt 1,8 zu 1 umgestellt wurde, ging von völlig unrealistischen Wechselkursen aus.

Warum die DDR-Wirtschaft zusammenbrechen mußte

Den Irrsinn dieser Währungsreform möchte ich mit einem Beispiel illustrieren, das mir ein sachkundiger Wirtschaftsanwalt in Sachsen-Anhalt geliefert hat:

(1) Ein volkseigener Betrieb der alten DDR kaufte in Westdeutschland eine Maschine, die dort eine Million DM kostete.

(2) In DDR-Mark zahlte der Betrieb dafür – einschließlich der Kommissionen, die an Schalck-Golodkowski und die Stasi gingen – einen »Importabgabepreis« von 7,6339 Millionen Mark der DDR.

(3) Diese Investitionssumme durfte der DDR-Betrieb nicht selbst finanzieren, er mußte dafür beim staatlichen Bankensystem (nicht vergleichbar mit den Banken in der Bundesrepublik) einen Kredit aufnehmen.

(4) Am Tag der Währungsunion wurde diese Schuld 2 : 1 auf 3,816 Millionen DM umgestellt.

(5) Das Ergebnis: Die Maschine steht nun – den Zinsaufwand nicht mit eingerechnet – mit 3,816 Millionen in den Büchern des Betriebes bzw. der Treuhand und muß mit einer Maschine im Westen konkurrieren, die dort nur eine Million kostete. Dies ist die »Erblast«, die sich Bonn gegen jede wirtschaftliche Vernunft und unnötigerweise aufgebürdet hat!

Die einmalige Chance, mit der Währungsunion Mitteldeutschland zu entschulden, wurde vertan. Stattdessen laufen nun bei der Treuhand bis 1995 mindestens 275 Milliarden Mark an Alt- und Neuschulden auf. Hinzu kommt die Verschuldung des Kreditabwicklungsfonds in Höhe von mindestens 140 Milliarden, in welchem »Verpflichtungen« des ehemaligen DDR-Republikhaushaltes sowie Verbindlichkeiten untergebracht wurden, die aus der Währungsumstellung stammen. Beide Posten werden ab dem 1. Januar 1995 in einem sogenannten »Erblastentilgungsfonds« zusammengefaßt, für den der deutsche Steuerzahler bis weit ins nächste Jahrtausend hinein Zinsen und Tilgung wird zahlen müssen. Wie groß der Fonds sein wird, ist immer noch völlig offen. Die

Schätzungen schwanken zwischen 400 und 600 Milliarden
Mark. Genau wird man es wohl erst nach der Bundestags-
wahl 1994 erfahren – wie gut, daß von Anfang an daran ge-
dacht wurde, die »Erblast« erst 1995 zu übernehmen.

Nicht erwähnt wurden bisher die Ausgleichsforderungen
von etwa 600 Kreditinstituten und Außenhandelsbetrieben
der DDR, die im Kreditabwicklungsfonds mit rund 110 (von
mindestens 140 Milliarden Mark) zu Buche schlagen. Die
Ausgleichsforderungen wurden auch deswegen notwendig,
weil die Währungsumstellung asymmetrisch war. Die 397 Milliarden DDR-Mark an Krediten (Aktiva der DDR-Bilanz) wurden bekanntlich 2 zu 1 umgestellt, die 249,9 Milliarden DDR-
Mark an inländischen Einlagen (Passiva) wurden teils 2 zu 1,
teils 1 zu 1 in Deutsche Mark verwandelt. Um es noch einmal
deutlich zu machen: eine einheitliche, realistische Umstellung
von 10 zu 1 hätte nicht nur die teuren Ausgleichsforderungen
überflüssig gemacht, sondern auch die DDR-Betriebe weitgehend entschuldet, ihnen bessere Startmöglichkeiten ver-
schafft und damit die Treuhand und den Bonner Staatshaushalt entscheidend entlastet.

Der übliche Einwand dagegen lautet: dann wären aber von
den 182 Milliarden DDR-Mark Spareinlagen (und den 57 Milliarden an Einlagen der Betriebe) auch nur 10 % übriggeblieben. Und das konnte man den Menschen in der damaligen
DDR doch nicht zumuten. Das konnte man in der Tat nicht.

Aber wenn Sie meiner Argumentation bis hierher gefolgt
sind, verstehen Sie jetzt auch, daß es für Bonn ungleich billiger und für die mitteldeutsche Wirtschaft ungleich besser gewesen wäre, einmalig eine runde Summe (warum nicht 100
Milliarden) als Kopfgeld unter die Bürger der neuen Bundesländer zu verteilen, anstatt die mitteldeutsche Wirtschaft von
Anfang an zu überschulden und der Staatskasse in Bonn jene Erblast aufzubürden, die erst ab 1995 voll wirksam werden wird und dann jahrzehntelang verzinst und getilgt werden muß.

Man kann es drehen und wenden wie man will, diese
Währungsunion war ein Pfuschwerk ohnegleichen, sie hat

die harte Mark zur Schuldenwährung degradiert, sie hat den Deutschen in West und Ost nur Schaden gebracht.

In seinem Buch »Die sieben Todsünden der Vereinigung« nennt Professor Hankel diese falsche Währungsunion einen »Jobkiller«, weil die neuen Schulden die Unternehmen beziehungsweise ihre Holding, die Treuhand, belasten und zu Zinszahlungen zwingen, »die man real weder braucht noch erwirtschaften kann«.

Noch einmal Hankel: »Auch wenn inzwischen die Treuhand den Löwenanteil dieses unechten Schuld- und Zinsendienstes stillschweigend übernommen hat, belastet dieser dennoch die ostdeutsche Volkswirtschaft. Denn die Mittel, welche die Treuhand stellvertretend für die belasteten Firmen über den Kreditabwicklungsfonds an Sparkassen und Banken überweist, damit diese den Sparern ausgezahlt werden, fehlen bei der Investitionsförderung und Unternehmenssanierung.«

Damit wäre auch die oben zitierte Frage an den Bonner Regierungssprecher Vogel geklärt, die dieser nicht beantworten konnte: Die Zinszahlungen auf die sogenannte Erblast fließen an die Banken und Sparkassen, denen mit dem Tag der Währungsumstellung ein dickes, neues, profitables Schuldenportfolio in harter Deutscher Mark in den Schoß fiel.

Die finanzielle Notlage, in die die Bundesregierung geraten ist, ist selbstverschuldet – dies ist unser Fazit. Die »Erblast« war kein Schicksalsschlag, sondern währungstechnisch vermeidbar. Die marode DDR-Mark wurde nicht, wie die Reichsmark 1948, abgewertet, sondern – nach Meinung von Fachleuten – effektiv um 300 bis 400 % aufgewertet. Die Folgen sind jetzt überall sichtbar. Auch in Westdeutschland lahmt die Wirtschaft, die DM hat sich an der sterbenden DDR infiziert, und 1995 – wenn Waigel die künstlich aufgeblähten Honecker-Schulden in seinen Etat übernehmen muß – wird das Staatsdefizit explodieren. »Das ist der Preis für den Umtauschkurs, der Ostdeutschlands Unternehmen in den Bankrott treibt«, hieß es dazu in einer internen EG-Studie.

So geschickt und zielbewußt der Staatsmann Kohl die

historische Chance der Wiedervereinigung wahrnahm, so dilettantisch organisierte seine Regierung die finanzielle Seite der Einheit.

Es drängt sich der Eindruck auf, als hätten die Regierenden in Bonn, unter denen sich kein einziger Wirtschafts- oder Währungsfachmann befindet, keine gute Hand mit Währungsunionen. Die eine haben sie verpfuscht, hoffentlich lassen sie die Finger von der zweiten.

KAPITEL 4

Deutsche Erfahrungen mit dem Geld

»Wer die ökonomischen Fragen und Probleme der geplanten Europäischen Währungsunion verstehen will, muß weit ausholen, denn ohne Geschichtsbewußtsein, ohne Kenntnis der besonderen deutschen Währungserfahrungen sind die Widerstände in der Bevölkerung, vor allem in Wissenschaft und Publizistik, nicht zu würdigen.«

WILHELM NÖLLING,
bis 1992 Präsident der Landeszentralbank in Hamburg, in seinem Buch »Unser Geld«

Die Mark der Deutschen, am 21. Juni 1948 als Besatzungskind und nicht-konvertible Währung aus der Taufe gehoben, steht am Ende einer brillanten Karriere. Noch gilt sie zusammen mit dem Schweizer Franken und dem Yen als eine der ganz wenigen Hartwährungen der Welt. Voraussehbar war dieser Erfolg nicht, er war das Ergebnis eines glücklichen Zusammentreffens wirtschaftlicher und politischer Umstände. Und im Unterbewußtsein der Deutschen lauert immer noch – oder wieder – die Angst, das Erreichte könne ein drittes Mal verspielt werden.

Das nationale Trauma ist historisch bedingt. Die Deutschen wurden sehr spät zur Nation, sie bekamen viel später als die anderen europäischen Völker eine gemeinsame Währung, und sie verloren zweimal fast alles. Der schreckliche Mangel an Kontinuität erklärt die überdurchschnittlich entwickelte Sehnsucht nach geordneten politischen und eben auch monetären Verhältnissen. Ein anderer wunder Punkt im nationalen Bewußtsein mag daher rühren, daß die Deutschen seit dem 17. Jahrhundert meist Objekt der Politik und der Interessen anderer Mächte waren. Es liegt eine grausame Ironie in der Tatsache, daß der Wunsch der Mitteldeutschen nach der

Mark 1990 zum Motor der Wiedervereinigung wurde und daß Bonn bereits ein Jahr später in Maastricht auf die soeben gewonnene gesamtdeutsche Währung wieder verzichtete. Nach der ECU haben die Demonstranten in Leipzig aber gewiß nicht gerufen.

Weil die kollektive Erinnerung an zwei Währungsreformen, die von 1923 und 1948, längst unscharf geworden ist, weil kaum noch jemand weiß, was damals eigentlich genau geschah und warum es so kam, und weil daraus immer wieder Mißverständnisse resultieren, wollen wir einen Blick auf die Währungsgeschichte der vergangenen 120 Jahre werfen. Dann wird deutlich, daß die Deutschen nur während zweier, ähnlich langer Perioden (1873 bis 1914 und 1948 bis 1990) mit ihren Geldverhältnissen zufrieden sein konnten, daß ansonsten aber monetäres Chaos herrschte oder jedenfalls mit der Währung experimentiert wurde.

Eine kontinuierliche Geschichte stabilen Geldes war dies jedenfalls nicht. *Und es fällt auf, daß die Wendepunkte und die Brüche in dieser Geldgeschichte immer unter dem Diktat der Politik standen und nur politisch zu erklären sind.* Das war 1871/73 nicht anders als 1914, 1923 nicht anders als 1948, 1990 mit der Deutschen Währungsunion nicht anders als mit der neuesten Zäsur, der Europäischen Währungsunion, die bis zum Ende des Jahrzehnts verwirklicht werden soll.

Geld zum Anfassen: Die Goldmark von 1873

Die Mark geht auf das 11. Jahrhundert zurück, als sie als neue Gewichtseinheit an die Stelle des karolingischen Pfundes trat. Als Münze wurde die Mark, außer in Norddeutschland, nur selten ausgeprägt. Sie fungierte als Gewichtseinheit. Seit den Reichsmünzordnungen des 16. Jahrhunderts diente die Kölner Mark (das waren 229 bis 255 Gramm Silber) als Münzgrundgewicht des Heiligen Römischen Reiches Deutscher Nation. Vor der Reichsgründung im Jahr 1871 waren Taler, Gulden und Mark im Umlauf – ein monetäres Durcheinander, das der politischen Zerrissenheit in der Mitte Europas entsprach.

Erst das Münzgesetz vom 8. Juli 1873 legte fest: »An die Stelle der in Deutschland geltenden Landeswährungen tritt die Reichsgoldwährung. Ihre Rechnungseinheit bildet die Mark.« In Gold geprägt wurden 10- und 20-Mark-Stücke. Reichsbanknoten wurden später im Wert von 100 Mark, von 50 und 20 Mark ausgegeben.

Mit der Reichsmark nach dem Ersten Weltkrieg und mit der Deutschen Mark nach 1948 war die Goldmark des Kaiserreichs nicht vergleichbar. Nur die Goldmark war systemimmanent stabiles Geld. Auch wenn sie oft als stabil bezeichnet wird, ist die Deutsche Mark der Bundesrepublik dies nicht. Sie hat immerhin seit 1948 gut zwei Drittel ihres Wertes verloren, wenn man sich auf die amtlichen Preisstatistiken verläßt – in Wirklichkeit aber wohl mehr. Oft heißt es auch, die Deutsche Mark sei »stabiler« als andere Währungen, aber dies ist sprachlicher Unsinn. Richtig müßte es heißen: sie verliert ihren Wert langsamer als andere Währungen.

Nur Goldwährungen behalten langfristig ihren Wert. Da nur in England weit zurückliegende Preisstatistiken vorliegen, läßt sich am Beispiel des englischen Pfundes am besten nachweisen, daß die Kaufkraft einer Goldwährung über Hunderte von Jahren hinweg unverändert bleibt, auch wenn sie zwischendurch – vor allem in Kriegszeiten – einmal schwankt. Die Kaufkraft der britischen Goldwährung lag bei Ausbruch des Ersten Weltkrieges ziemlich exakt auf dem Stand der Mitte des 17. Jahrhunderts. In Deutschland läßt sich nur die Friedensperiode von 1871 bis 1913 zu Untersuchungen heranziehen. In diesem Zeitraum fielen sieben Jahre, in denen sich die Lebenshaltungskosten überhaupt nicht veränderten; zwölf Jahre, in denen sie zurückgingen; und 23 Jahre, in denen sie stiegen – freilich oft nur minimal.

Das Phänomen einer stetigen, unausrottbaren Inflation war völlig unbekannt, der Diskontsatz bewegte sich in dieser langen Zeit zwischen drei und 7,5 Prozent. Das Geld blieb stabil, weil man Gold nicht drucken kann. Solche Verhältnisse

mögen uns heute altmodisch vorkommen, aber immerhin ermöglichte diese altmodische Goldwährung die Industrialisie-
rung Deutschlands, eine enorme Zunahme des Volkseinkommens und den Aufstieg des Landes zu der nach den USA
zweitgrößten Volkswirtschaft der Welt – und dies ohne eine
nennenswerte Verschuldung des Landes und bei Steuersät-
zen, die traumhaft niedrig waren.

*Mit der Inflation fehlte auch die Korruption. Es war un-
denkbar, daß Parteien sich an der Staatskasse vergriffen, mil-
liardenschwere Wahlgeschenke verteilten oder daß die Regierung Geld ans Ausland verschenkte. Der Goldautomatismus
hätte all dies gar nicht erlaubt.*

Er ermöglichte übrigens auch nur die Führung von kleinen,
begrenzten Kriegen. Wären die europäischen Mächte 1914
nicht vom Goldstandard abgegangen, dann hätten sie die
Feindseligkeiten mangels Geld schon nach wenigen Monaten
einstellen müssen. Der Goldstandard war somit die perfekte
Sperre gegen die Barbarei, die zusammen mit den Papierwährungen im 20. Jahrhundert heraufzog. Und er war ein
verläßlicher Garant individueller Freiheit, weil staatliche Aktivitäten immer nur insoweit ausgeweitet werden können,
wie sie sich finanzieren lassen.

Warum die Reichsbank erst 1876 eingerichtet wurde

Die Qualität einer Papierwährung hängt sehr stark von der
Unabhängigkeit und Professionalität der Zentralbank ab, der
Goldstandard funktioniert von alleine. Man braucht dazu
nicht einmal unbedingt eine Zentralbank. Denn Banknoten
sind nichts anderes als Quittungen über eine bestimmte Menge Gold, das auf Verlangen jederzeit ausgehändigt werden
muß. Da Gold langfristig wertstabil ist, stellt sich unter dem
Regime des klassischen Goldstandards die Frage der Preisstabilität grundsätzlich nicht.

Nur so wird verständlich, daß Reichsregierung und Bun-
desrat nach der Proklamation des Kaiserreiches zunächst

nicht an die Gründung einer Zentralbank dachten. Die Gold-mark ging dieser voraus. Als die Reichsbank nach dem Bank-gesetz von 1875 dann doch ihre Tätigkeit am 1. Januar 1876 aufnahm, hatte sie einen erheblich kleineren Aufgabenbe-reich als etwa die Deutsche Bundesbank. Von Geldmengen-steuerung war ebenso wenig die Rede wie von Inflations-bekämpfung.

Die Reichsbank hatte laut Gesetz den Geldumlauf im ge-samten Reichsgebiet zu »regeln«, ihr hauptsächliches Instru-ment war der Diskontsatz. Banknoten waren damals noch kein gesetzliches Zahlungsmittel. Die Reichsbank besaß nicht einmal das Monopol der Banknotenausgabe. Im Jahr der Gründung des Kaiserreiches hatten 33 private Notenbanken das Recht, Geldscheine zu emittieren – ein Kuriosum, mit dem erst das Hitler-Regime endgültig Schluß machte. Von der Regierung war die Reichsbank nicht unabhängig, sie mußte vielmehr den Weisungen des Reichskanzlers Folge leisten. Auf die Idee, daß dies dem Geldwert schaden könnte, kam damals niemand. Denn der klassische Goldstandard funktio-niert selbst dann, wenn das verantwortliche Personal nur mit-telmäßig ist. Papiergeld stabil zu halten, bedarf eines Genies.

Bemerkenswert ist im Rückblick, daß – im Gegensatz zur Deutschen Währungsunion und zu Maastricht – die politi-sche Einheit Deutschlands fünf Jahre vor der einheitlichen Geldverfassung zustande kam. Das Pferd wurde von vorne, nicht von hinten aufgezäumt. Die Basis der Goldwährung lie-ferte das besiegte Frankreich, das sich im Friedensvertrag zur Zahlung einer Kriegsreparation in Höhe von fünf Milliarden Francs verpflichten mußte. Die Summe entsprach ungefähr einem Drittel des damaligen französischen Bruttosozialpro-dukts und konnte bis 1873 vollständig aufgebracht werden.

Als sich im Sommer 1914 der Kriegsausbruch abzeichnete, stieg nicht nur der Notenumlauf, sondern auch die private Nachfrage nach Gold. Die Bürger begannen, ihre Banknoten in Gold einzutauschen. Die Reichsbank widerrief, nicht an-ders als die Bank von England, die Pflicht zur Goldeinlösung. In diesem Sommer starb der Goldstandard, Europa nahm Abschied von einer übernationalen, überall akzeptierten und wertbeständigen Währung. Was der Vertrag von Maastricht jetzt, 80 Jahre später, mit untauglichen Mitteln anstrebt, war damals schon Realität: ein einheitliches Währungsgebiet in Europa. Nur war es eine Währung, die nicht manipuliert werden konnte und deswegen für die Finanzierung eines großen Krieges nicht taugte.

Zwar blieb es bei der gesetzlichen Regelung, daß ein Drittel der in Deutschland umlaufenden Banknoten durch Gold gedeckt sein mußte, sie wurde jedoch umgangen, indem die Reichsbank ihre sogenannten Darlehnskassenscheine für gleichwertig mit den Goldreserven erklärte. Zum ersten Mal verfiel man auf die Idee, Papiergeld mit Papiergeld zu decken.

Die Geldmenge explodierte. Im Juni 1914 waren noch 6,3 Milliarden Reichsmark im Umlauf, Ende 1918 33,1 Milliarden. In diesem Zeitraum erhöhte sich die Verschuldung des Reichs von 0,3 auf 55,2 Milliarden Mark, wovon 50,7 Milliarden außerhalb der Reichsbank gehalten wurden. Das kaiserliche Deutschland finanzierte den Krieg – anders als das Hitler-Regime – hauptsächlich mit der Ausgabe von Anleihen, während beispielsweise England vor allem auf Steuererhöhungen zurückgriff.

Die Hyperinflation von 1923 hatte politische Gründe

War mit dieser kriegsbedingten Geldschöpfung die Hyperinflation von 1923 vorgezeichnet? Keineswegs. Die Situation in Deutschland war nach dem Ende des Krieges nicht grundsätzlich verschieden von der in anderen europäischen Ländern. Hochverschuldet waren sie alle. Im Vergleich zum Sommer 1914 hatten sich die deutschen Großhandelspreise, gemessen am Durchschnitt des Jahres 1918, zwar mehr als verdoppelt und bis 1919 etwas mehr als vervierfacht. Aber erst 1921 begann die Reichsmark an den Devisenmärkten regelrecht zusammenzubrechen.

Inflation und Währungsreform der frühen zwanziger Jahre waren eine direkte Folge des Diktats von Versailles, genauer: der anschließend Deutschland auferlegten Reparationen und des Ruhrkampfes, der unmittelbar mit der Reparationsfrage zusammenhing. (Frankreich hatte einen deutschen Zahlungsrückstand zum Vorwand genommen, das Ruhrgebiet Anfang 1923 zu besetzen.)

Tröstlich daran ist: Da die Hyperinflation von 1923 eindeutig politische Ursachen hatte, die sich so nicht wiederholen werden, ist es undenkbar, daß es eine Wiederauflage der Geldentwertung von 1923 geben könnte. Auch die explodierende deutsche Staatsverschuldung im Gefolge der deutschen Einheit ist mit der damaligen Situation nicht vergleichbar. Das Schicksal des modernen Papiergeldes ist in hochentwickelten Industrienationen die schleichende, manchmal auch trabende, gelegentlich sogar unterbrochene Inflation – nicht aber die vollständige Entwertung innerhalb weniger Jahre.

Der Geschichtsunterricht, den die heute lebenden Deutschen genossen haben, krankt ohnehin daran, daß er moralisierend aufgebaut ist, sich zwar mit Ereignissen, nicht aber mit Zusammenhängen befaßt. Es werden keine Kausalketten hergestellt. Nur so konnte auch die seltsame Vorstellung um sich greifen, Hitler sei 1933 aus heiterem Himmel gefallen. Er war selbstverständlich ein Produkt seiner Zeit, eine Spätfolge des Vertrages von Versailles. Ohne diesen aufgezwungenen Vertrag, der keiner war, ohne die wahnwitzigen Reparationen, die die deutsche Währung zerstörten und ohne die fürchterliche Verelendung des bis dahin unpolitischen Mittelstandes in Deutschland wären die Nationalsozialisten eine Randerscheinung des politischen Spektrums geblieben.

Daß die Deutschen, die den Krieg nicht anders als ihre Gegner geführt hatten und nicht einmal die Hauptverantwortung dafür trugen, in Versailles zur Verbrechernation abgestempelt wurden, ist hier nicht unser Thema. Es lohnt sich aber, die Mantelnote der Siegermächte vom 16. Juni 1919 zu lesen, mit der die Unterschrift Weimars unter den Vertrag von

Versailles erzwungen wurde und die das politische Klima in Europa heillos vergiftete.

Uns interessiert hier aber vor allem, warum die Reparationen mehr als ein Verbrechen waren, nämlich eine Dummheit. Sie waren zu hoch, um jemals eingetrieben werden zu können. Sie mußten das Land, das ausgebeutet werden sollte, ruinieren. Sie waren die Fortsetzung des Krieges mit anderen Mitteln und führten in fast logischer Konsequenz zur Wiederaufnahme der Feindseligkeiten, wie es John Maynard Keynes 1919 prophezeit hatte.

So sah es selbst der spätere amerikanische Präsident, Franklin D. Roosevelt, der am 11. Januar 1944 in einer Botschaft an den US-Kongreß erklärte, der Friede von 1919 sei »kein Friede« gewesen, und der am 6. Januar 1945 den Kongreß ermahnte, diesmal dürfe nicht wieder derselbe tragische Weg wie nach 1919 beschritten werden, nämlich »der Weg zu einem Dritten Weltkrieg«.

Keynes warnte vor den Konsequenzen von Versailles

Nicht anders urteilten der Südafrikaner General Jan Christian Smuts, der Amerikaner Herbert Hoover und eben auch Keynes, der einflußreichste Wirtschaftstheoretiker des Jahrhunderts, die im Mai 1919 auf der Siegerseite an den Verhandlungen teilnahmen. Hoover sprach von Bedingungen, »unter denen Europa nie wieder aufgebaut oder dem Menschengeschlecht Friede beschert werden konnte«. Smuts warnte: »Unter diesem Vertrag wird Europa keinen Frieden kennen.« *Und Keynes schrieb über die Konsequenzen von Versailles: »Es gibt wenige Episoden in der Geschichte, die zu verzeihen die Nachwelt weniger Grund haben wird.«*

Keynes trat unter Protest aus der britischen Delegation aus, kehrte nach England zurück und schrieb noch 1919 seine berühmte Abhandlung »The Economic Consequences of the Peace«. Er selbst hielt zehn Milliarden Dollar an deutschen Reparationen für das absolute Maximum, verglichen mit den umgerechnet eine Milliarde Dollar, die Frankreich zwischen 1871 und 1873 zahlte. Zudem verlangte er die Streichung der Kriegsschulden zwischen den Siegermächten, womit vor allem die amerikanischen Kredite gemeint waren.

Daß Maastricht ähnlich wie Versailles auf deutsche Kosten geht, wie der französische »Figaro« schrieb, ist zwar nicht vollständig falsch. Aber beide Verträge dürfen deswegen nicht auf dieselbe Stufe gestellt werden. Versailles wurde aufgezwungen, Maastricht zwar nicht ohne Druck, aber letzten Endes doch freiwillig unterschrieben. Maastricht bezweckt die Einbindung Deutschlands und beschneidet seine Souveränität, Versailles zielte auf das wirtschaftliche und politische Überleben. Das sind gravierende Unterschiede.

Das Diktat von Versailles hätte, wenn es so durchführbar gewesen wäre, Deutschland auf Dauer ins Elend gestürzt – eine Art von früher Version des Morgenthau-Plans. In diesen Zusammenhang paßt auch die weithin vergessene Hungerblockade gegen die deutsche Zivilbevölkerung, die selbst nach dem Waffenstillstand vom November 1918 nicht aufgehoben wurde – ein für die damalige Zeit beispielloses Kriegsverbrechen. 800 000 deutsche Zivilisten verhungerten oder starben an Krankheiten in Folge von Unterernährung. Unter den Kindern war die Sterblichkeit am größten. »Eine ganze Generation«, so urteilte der Brite Arthur Bryant, »wuchs in einer Epoche der Unterernährung und des Elends auf, wie wir dergleichen nie in unserem Land erlebt haben.« Millionen von Familien vergaßen die Qual jahrelanger Unterernährung nie. Noch 1920 berichtete der amerikanische Diplomat Hugh R. Wilson, daß die Spuren der Unterernährung und der Kinderkrankheiten, besonders von Rachitis, »sich überall fanden«.

Im Vertrag von Versailles, den die Republik von Weimar am 28. Juni 1919 unterzeichnen mußte, wurde die Gesamthöhe der zu zahlenden Reparationen noch nicht festgelegt. Damit sollte sich eine spezielle Reparationskommission befassen. Versailles enthielt aber bereits Bestimmungen über umfangreiche Sachlieferungen, die auf eine rücksichtslose Ausplünderung der deutschen Wirtschaft hinausliefen. Alle Handelsschiffe über 1600 Bruttotonnen, die Hälfte der Handelsschiffe zwischen 1000 und 1600 Bruttotonnen, die Flußschiffahrtsflotte und sogar ein Teil der Fischereifahrzeuge mußten an die Kriegsgegner überstellt werden. Die endlose Liste der Reparationslieferungen umfaßte nicht nur Kohle und landwirtschaftliche Maschinen, sondern auch große Zahlen an Kühen, Schafen, Ziegen, Schweinen etc. Nicht nur die Kolonien, auch die Auslandsinvestitionen gingen verloren.

»Le Boche paiera, The Hun will pay«

Worauf die Sieger hinaus wollten, wurde noch deutlicher, als nach längerem Hin und Her in Form eines Ultimatums die endgültige Höhe der Geldreparationen genannt wurde, die zu den Sachlieferungen hinzukamen: 132 Milliarden Goldmark, die im Verlauf von 37 Jahren zu zahlen waren, und zuzüglich eine »Ausfuhrabgabe« in Höhe von 26% der Exporte. Das Deutsche Reich sollte nicht nur wirtschaftlich ausgelaugt, sondern auch – durch die künstliche Verteuerung seiner Exporte – von den Weltmärkten verdrängt werden.

Man erkennt sofort die groteske Fehlkalkulation dieses Planes, der den Deutschen nach 1945 erspart blieb, weil der Ausbruch des Kalten Krieges zu einer schnellen Umkehr der Allianzen führte. Die Fehlkalkulation bestand darin, daß der Republik von Weimar jede Möglichkeit genommen wurde, diese Reparationen zu erarbeiten.

Le Boche paiera, hieß es in Frankreich; the Hun will pay, in England. Die Rechnung konnte aber nicht aufgehen, denn dazu hätte Deutschland seine Exporte stark ausweiten müssen, um das verlangte Gold und die Devisen verdienen zu können. Das alles führte dazu, daß die Reparationen – jedenfalls ein großer Teil davon – nach dem Ende der großen Inflation von 1923 mit Krediten bezahlt wurden, die die USA Deutschland gewährten.

Andererseits hatten England und Frankreich nach 1918 aber auch deswegen auf den horrenden Reparationen bestanden, weil sie ihre Kriegsschulden an Amerika zurückzahlen mußten, und weil die Amerikaner diese Schulden nicht nachlassen wollten. Die USA waren nicht zuletzt deswegen in den Krieg eingetreten, weil sie im Falle eines deutschen Sieges befürchten mußten, Frankreich und England würden ihre Schulden in Amerika nie mehr begleichen können.

So kam es in den zwanziger Jahren zu einem unheilvollen Kreislauf der internationalen Kredite. Deutschland zahlte an Frankreich und England, damit diese an die USA zurückzahlen konnten – und damit Deutschland überhaupt zahlen konnte, mußte es neue Kredite in den USA aufnehmen. Als die amerikanischen Banken nach dem Börsenkrach von 1929 die an Deutschland vergebenen Kredite kündigten, brach auch hier die Wirtschaft zusammen. Die Realitäten hatten Versailles endgültig ad absurdum geführt – eine Vertragskonstruktion, die auf Rachsucht und ökonomischer Unvernunft beruhte, aber auch ein Paradebeispiel für die Dämonie internationaler Verschuldung abgibt.

Wie stark belasteten die Reparationen Deutschland wirklich? Und wie kam es, daß sie zur wichtigsten Ursache der Hyperinflation von 1923 wurden? Die Rechnung ist ganz einfach: in den Jahren 1922 und 1923 überstiegen die von Deutschland geleisteten Reparationen die gesamten Steuereinnahmen des Reichs! 1921 hatte das Reich 3,6 Milliarden Goldmark an Steuern eingenommen, 1922 nur noch die Hälfte davon.

Um überhaupt zahlen zu können, wurden zuerst die Gold- und Devisenreserven aufgelöst, dann wurde Papiergeld gedruckt, mit dem Devisen gekauft wurden (was selbstverständlich den Kurs der Mark immer tiefer fallen ließ). Mit dem neuen Papiergeld zahlte die Regierung aber auch den deutschen Lieferanten die Sachlieferungen, die ins Ausland gingen. (Es versteht sich von selbst, daß die Reparationen nicht mit entwerteter Reichsmark beglichen werden durften.)

Nur wer Sachwerte besaß, überlebte finanziell

1923 mußte Berlin darüber hinaus den passiven Widerstand gegen die Besetzung des Ruhrgebiets finanzieren. Die Notenpressen liefen immer schneller. Bis Ende März 1923 stieg der Banknotenumlauf auf 5,5 Billionen Mark, bis Ende November auf 400 Trillionen. Es wird berichtet, daß ein Hühnerei schließlich 80 Milliarden Mark kostete. Die Währung war wertlos geworden. Zum ersten Mal in der deutschen Geschichte wurden die Ersparnisse von Generationen vollständig vernichtet. Auch die Kriegsanleihen wurden wertlos. Finanziell überleben konnte nur, wer Sachwerte besaß – Immobilien, Gold, auch Aktien. Das Volk, das in der Tradition einer stabilen Goldwährung aufgewachsen war, wurde mit der absolut neuen Erkenntnis konfrontiert, daß der Entwertung einer Papierwährung grundsätzlich keine Grenzen gesetzt sind.

Am 15. November 1923 wurde eine neue Währung, die sogenannte Rentenmark, eingeführt. Das Verhältnis zur alten Reichsmark wurde auf 1 zu 1 Billion festgelegt. Die Rentenmark war nicht durch Gold gedeckt, stieß monatelang auf Mißtrauen, überlebte aber, weil der Notenumlauf knapp gehalten wurde. 1924 wurde die Rentenmark in Reichsmark umbenannt. Sie wurde nun, nach den Regeln des Golddevisenstandards, durch Gold und Devisen gedeckt. Vor allem aber wurde Deutschland eine internationale Anleihe gewährt, die sogenannte Dawes-Anleihe. Nur so wurde es im Sinne des oben geschilderten Recycling möglich, mit der Zahlung der Reparationen fortzufahren.

Ohne die Maßnahmen des Jahres 1924 hätte die Inflation durchaus zurückkehren können. So aber erhielt die Republik von Weimar eine Gnadenfrist. Ein paar Jahre lang erlebte die Wirtschaft sogar eine Scheinblüte. Dabei half auch, daß die Reparationen nun so dosiert wurden, daß sie gerade noch zu verkraften waren. In den Jahren 1925 bis 1931 stiegen sie von 1,5 auf 3 % des Volkseinkommens, waren also mit dem normalen jährlichen Staatsdefizit der Bundesrepublik vor der

Wiedervereinigung vergleichbar. Nach Angaben der damaligen Reichsregierung leistete Deutschland von 1918 bis 1932 Reparationen in Höhe von 67,7 Milliarden Goldmark, worin die Sachlieferungen eingeschlossen sind.

Eine Überlegung im Nachhinein: Wenn die Regierung von Weimar dieses Geld für Investitionen und Konjunktursteuerung hätte ausgeben können, hätte sich die Depression mit ihren sechs Millionen Arbeitslosen und ihren fatalen politischen Folgen vielleicht entscheidend abmildern lassen.

1922 wurde die Reichsbank per Gesetz autonom und lieferte umgehend ein Beispiel dafür, daß selbst eine von der Regierung nominell unabhängige Zentralbank nicht unbedingt eine Garantie für Geldwertstabilität ist. Es blieb ihr gar nichts anderes übrig, als steigende Mengen an Schuldscheinen des Staates aufzukaufen und damit die Geldmenge aufzublähen.

1924 verlor die Reichsbank diese Autonomie wieder. Sie blieb zwar unabhängig von der Regierung, wurde aber ausländischer Kontrolle unterstellt. Das neue Reichsbankgesetz vom 30. August 1924 war von den Siegermächten ausgearbeitet worden und mußte von der Reparationskommission genehmigt werden. Es war völkerrechtlich bindend (eine Parallele zum Vertrag von Maastricht) und konnte vom Reichstag nicht mehr geändert werden. Bei der Reichsbank wurde ein »Sonderkonto für den Reparationsagenten« eingerichtet, auf das alle Reparationen eingezahlt werden mußten und über das nur der Agent verfügen durfte. Im Generalrat der Reichsbank, dem Nachfolger des früheren Direktoriums, saßen fortan sieben deutsche und sieben ausländische Vertreter. Zudem mußte der neu zu berufende Kommissar für die Notenausgabe Ausländer sein. Nicht ganz zu Unrecht argwöhnte das Ausland, Berlin habe 1923 per Inflationierung die Reparationen unterlaufen wollen.

Von einer autonomen deutschen Geldpolitik in den zwanziger Jahren kann mithin keine Rede sein. Die Notenbank wurde in den Dienst der Eintreibung von Reparationen gestellt – keinen anderen Zweck hatte die Präsenz der Ausländer im Generalrat, die erst 1930 endete. Ab 1924 mußten 40 % der umlaufenden Banknoten durch Gold oder Devisen gedeckt sein. Damit war einer neuerlichen Inflationierung der Geldmenge ein Riegel vorgeschoben. Dieser sogenannte Golddevisenstandard unterschied sich vom klassischen Goldstandard dadurch, daß die Banknoten nicht mehr gegen Gold einlösbar waren. Inländisches Papiergeld wurde hauptsächlich durch ausländisches Papiergeld gedeckt. Immerhin hat der Golddevisenstandard der Welt einige Jahrzehnte lang keine schlechten Dienste geleistet.

Die weltweite Inflationierung der Preise in den siebziger Jahren und der Geldmengen in den achtziger Jahren wurde erst möglich, nachdem Präsident Nixon 1971 das sogenannte Goldfenster geschlossen, das heißt den Dollar endgültig vom Gold gelöst hatte. Bis dahin konnten sich die USA nach den Regeln des in Bretton Woods 1944 neu beschlossenen Golddevisenstandards keine unbegrenzten Defizite in der Außenbilanz leisten, weil sie dann befürchten mußten, zunehmende Mengen an Währungsgold zu verlieren. Bretton Woods sah vor, daß ausländische Zentralbanken (jedoch nicht Privatpersonen) ihre Dollars gegen Gold eintauschen konnten. Davon machte vor allem de Gaulle Gebrauch, zum großen Mißfallen der Amerikaner.

Das Weltwährungssystem der Zeit nach dem Zweiten Weltkrieg mit seiner losen Bindung an das Gold war zwar zweite Wahl, hat aber immerhin stetiges Wachstum bei niedrigen Zinsen und mäßiger Geldentwertung ermöglicht. Es gehört nun längst der Vergangenheit an, wir leben im Zeitalter der ungedeckten, manipulierten Papierwährungen: ein System, das sich mit stabilem Geld nicht verträgt. Es ist darauf angelegt, daß Steuereinnahmen, nominale Einkommen und eben auch die Inflationsraten im Prinzip nur steigen. Das System ist unharmonisch und labil, seine Konsequenz heißt Überschuldung. Rezessionen, die unter dem klassischen Goldstandard für die notwendige Bereinigung spekulativer Exzesse sorgten und das Finanzsystem vor Fehlentwicklungen schützten, werden nun als Katastrophe empfunden. Die Staaten müssen sich dann noch tiefer verschulden, aber sie nutzen auch den Wirtschaftsaufschwung kaum noch dazu, um Schulden abzubauen. Diesem Schicksal wird auch das europäische Einheitsgeld nicht entgehen. Es wird durch nichts gedeckt sein außer durch gute Absichtserklärungen. Und das reicht nicht.

Wie das Hitler-Regime den Krieg finanzierte

Die Intention, nicht zu inflationieren, hatte auch Hitler, der im Januar 1933 an die Macht kam, nachdem das Nettoinlandsprodukt zwei Jahre hintereinander real um über 10% geschrumpft war. Es ist eine bittere Ironie der Geschichte, daß die Faktoren, denen die Nationalsozialisten ihren Aufstieg verdankten, kurz vorher bereits an Bedeutung zu verlieren begannen. Die Republik von Weimar war tatsächlich kurz vor dem Ziel gescheitert. Ohne daß dies damals für die Allgemeinheit erkennbar war, hatte der Wirtschaftszyklus seinen tiefsten Punkt bereits durchschritten. Schon 1932 gab es die ersten Erholungsanzeichen. Selbst das Versailles-Syndrom verblaßte. Die Westmächte hatten endlich begriffen, daß die Reparationen unrealistisch waren. Und England war nun, was dann Hitler zugute kam, an einem starken Deutschland als Gegengewicht zur Sowjetunion interessiert.

Die Deflations- und Sparpolitik der Regierung Brüning hatte zwar die Krise verschärft und damit Hitler Wähler in die Arme getrieben, sie legte aber auch die Basis für den anschließenden inflationsfreien Aufschwung. Insofern profitierten die Nationalsozialisten doppelt von Brünings Politik. 1933 ging die Geldmenge noch einmal ganz leicht um 0,2% zurück. Bis 1937 lagen die Zuwächse zwischen 5,6 und 8,9% und damit unter dem nominalen Wachstum der Wirtschaft. Der Aufschwung stand mithin auf gesunden Beinen. Bis 1937 stiegen die Aktienkurse um 175%, die langfristigen Zinsen gingen im Trend zurück. Erst 1938 beschleunigte sich das Geldmengenwachstum auf über 10%, später wurden Zuwächse von 30% im Jahr erreicht.

Von 1933 bis 1939 leitete Hjalmar Schacht (zum zweiten Mal) die Reichsbank. Er genoß den Ruf eines Geldmagiers und stand auf den internationalen Konferenzen der Zentralbankiers regelmäßig im Mittelpunkt des Interesses der ausländischen Journalisten. Schacht ermöglichte mit innovativen, nicht ganz seriösen, aber doch erfolgreichen Methoden den wirtschaftlichen Aufbau des Reiches, den fast vollständigen Abbau der Arbeitslosigkeit und die Wiederaufrüstung. Als er 1939 gehen mußte, wurde die Reichsbank Hitler direkt unterstellt und erstmals gesetzlich auf die »Sicherstellung des Wertes der deutschen Währung« verpflichtet. Dies war ein schlechter Witz, denn die Jahre der Kriegsfinanzierung durch Geldschöpfung standen unmittelbar bevor. Zum zweiten Mal in diesem Jahrhundert wurde das Geld entwertet. 1914 hatte das Kaiserreich die Goldeinlösungspflicht aufgehoben, 1939 wurde die Vorschrift zur Golddeckung der umlaufenden Banknoten gestrichen.

Ein Jahr zuvor war es zu Differenzen zwischen Regierung und Reichsbank gekommen, die ähnlich wie 1990 die Modalitäten einer deutschen Währungsunion betrafen. Es ging um den Anschluß Österreichs im März 1938 und die Umstellung des Schillings auf Reichsmark. Die Reichsbank wollte 2 zu 1 umstellen, was für die Österreicher einen Kaufkraftverlust mit sich gebracht hätte. Hitler bestand auf einer Umstellung 1,5 zu 1, und die Österreicher standen nach der Vereinigung mit Deutschland finanziell besser da als vorher. Denn der Schilling war um 35 % aufgewertet worden.

Die Inflationierung der Kriegszeit, die mit Hilfe eines Preisstops lediglich kaschiert wurde, läßt sich mit wenigen Zahlen veranschaulichen: Die Schulden des Reichs stiegen von 31 auf 440 Milliarden Mark, das Haushaltsdefizit nahm von 5 auf 240 Milliarden zu, der Notenumlauf von 4,3 auf 56,4 Milliarden Reichsmark.

Der Preisstop fror bei Kriegsausbruch alle Preise auf dem Niveau des 1. Oktober 1936 ein und wurde bis zur Währungsreform am 21. Juni 1948 mit nur geringfügigen Änderungen beibehalten – ein typischer Fall von unterdrückter

Inflation und eines gewaltigen Geldüberhangs bei extremer Warenknappheit. Der Zweite Weltkrieg wurde anders als der Erste finanziert. Das Kaiserreich hatte vor allem Anleihen aufgelegt, die von den Bürgern gezeichnet wurden und bis 1923 bekanntlich verfielen. Das Hitler-Regime vermied es, den Weg über Anleihen zu gehen, der Krieg wurde sozusagen geräuschlos finanziert: zu 48% aus Steuern (1914 bis 1918 nur zu 13%!), zu 12% aus Zwangsabgaben der besetzten Länder, vor allem Frankreichs, Belgiens und Hollands – und im übrigen verschuldete sich Berlin bei den Banken, Sparkassen und Versicherungsgesellschaften. Die Währungsreform von 1948 hatte deswegen eine andere Optik als die von 1923. Die Mark war nicht völlig entwertet, und nicht die Bürger, sondern die Geldinstitute waren die hauptsächlichen Gläubiger des Staates. Von der Währungsreform 1948 waren deswegen hauptsächlich die Sparguthaben betroffen, die Staatsanleihen spielten keine größere Rolle.

Ein Kuriosum: Schon 1940 plante Berlin die Europawährung

In seinem Buch über die Bundesbank verweist der britische Journalist David Marsh, selbst kein Freund von Maastricht, mit einiger Boshaftigkeit auf die Pläne des Dritten Reichs, nach dem Krieg eine europäische Wirtschafts- und Währungsunion zu schaffen. In einer Analyse der Reichsbank vom Juni 1940 wurden Dollar und Reichsmark als die beiden Standardwährungen der Nachkriegszeit bezeichnet. Für Europa wurde ein »Deutscher Währungsblock« mit festen Wechselkursen ins Auge gefaßt, der später zu einer Währungs- und Zollunion ausgebaut werden sollte. In dem Dokument hieß es außerdem, die Fehler von Versailles sollten nicht wiederholt werden, eine einmalige Kriegsentschädigung sei jedoch »angebracht«. Die Rede war von 16 bis 17 Milliarden Reichsmark, die Frankreich und Großbritannien zusammen an Reparationen zahlen sollten.

Im Juli 1940 arbeitete das Reichswirtschaftsministerium Pläne für eine europäische Zentralbank mit Sitz in Wien aus. Eine europäische Einheitswährung sei zwar »verwaltungsmäßig am einfachsten durchzuführen«, aber: »Es könnte aus politischen Gründen unerwünscht sein, das Selbstbewußtsein der angeschlossenen Staaten durch Aufhebung ihrer Währungen zu verletzen.«

Nach der Kapitulation der Wehrmacht machten sich die westlichen Sieger zum zweiten Mal daran, die deutsche Wirtschaft systematisch zu schwächen und das Land dauerhaft als Konkurrenten im Welthandel auszuschalten. Obwohl der Morgenthau-Plan schnell ad acta gelegt wurde, bestand das US-Finanzministerium strikt darauf, daß nichts unternommen werden sollte, um die allgemeine Lage in Deutschland zu bessern. Hilfsmaßnahmen und Nahrungsmittellieferungen sollten ausdrücklich nur dem Ausbruch von Seuchen und Unruhen vorbeugen, denn diese würden die Sicherheit der Besatzungstruppen gefährden.

Der erste Industrieplan des Kontrollrates vom Frühjahr 1946 begrenzte die deutsche Industrieproduktion auf die Hälfte des Standes von 1938. Wieder wurden das Auslandsvermögen sowie Patente und technische Unterlagen von unschätzbarem Wert enteignet. Nicht nur im Osten, auch im Westen wurden Industrieanlagen rücksichtslos demontiert. Als Konrad Adenauer schon Bundeskanzler war, wurde immer noch demontiert. Zudem hatte der Luftkrieg 2,3 von 10,7 Millionen Wohnungen auf dem Gebiet der späteren Bundesrepublik zerstört oder unbewohnbar gemacht. Die Einwohnerzahl der Großstädte war um fast ein Viertel kleiner als 1939, in Würzburg sogar um die Hälfte zurückgegangen.

Nicht so sehr die moralischen Skrupel der Westmächte als vielmehr die aggressiven Absichten Stalins brachten die Wende. Die Westmächte revidierten ihre Politik, weil sie fürchteten, ganz Deutschland und der Rest Westeuropas könnten den Bolschewisten in die Hände fallen. Die Währungsreform von 1948 war nicht etwa, wie es die Legende wissen will, ein genialer Schachzug Ludwig Erhards. Sie war eine von den

USA angeordnete, politisch höchst relevante Maßnahme, die zum unmittelbaren Anlaß für die Blockade Berlins, die Spaltung Deutschlands und den offenen Ausbruch des Kalten Krieges wurde. Es war nicht so, daß sie für die deutsche Spaltung verantwortlich war, sie markierte nur das endgültige Ende der Kriegskoalition zwischen den USA und der Sowjetunion. Deutschland war lediglich eine Figur im Machtspiel der neuen Großmächte. Daß alles dann doch gut ausging, war auch dem Realismus der amerikanischen Politik und einer Reihe deutscher Emigranten zu verdanken, die an der Vorbereitung der Währungsreform maßgebend beteiligt waren. *Der Unterschied zu Versailles lag nicht etwa darin, daß die Deutschen nach 1945 nicht zahlen mußten. Neu war, daß die Bedingungen so gestaltet wurden, daß sie zahlen und zugleich ihre Wirtschaft wieder aufbauen konnten.* Noch im Haushaltsjahr 1950/51, als der Bund 11,8 Milliarden Mark einnahm, mußten mehr als ein Drittel davon an die Besatzungsbehörden abgeführt werden. Und über die Kredite des Marshall-Plans wurde mit der einen Hand weniger gegeben, als zuvor mit der anderen weggenommen worden war. Wie auch immer: das Wirtschaftswunder und der Aufstieg der Deutschen Mark waren Beweis genug dafür, daß sich das Bündnis mit Amerika lohnte. Wäre Adenauer 1952 in die Falle der Neutralisierung gegangen, dann wäre die Mark wohl kaum zum Rang einer Hartwährung aufgestiegen.

Wie die USA die Deutsche Mark aus der Taufe hoben

Der monetäre Neuanfang nach 1945 entsprang, um dies zu wiederholen, amerikanischer Initiative. Und die Mark spielte dann später reibungslos die von Washington verlangte Rolle im Rahmen des vom Dollar dominierten Weltwährungssystems. Meister ihres Schicksals waren die Deutschen in den ersten Jahren der Republik keineswegs, und später auch nur partiell. Daran hat die Wiedervereinigung, obwohl sie die völkerrechtliche Souveränität brachte, bisher nicht allzu viel geändert. Deutschland wurde mit amerikanischer Rückendeckung wiedervereint, weil die USA einen starken Juniorpartner in Europa wünschten. Ob sie sich mit Maastricht abfinden werden, ist noch keine ausgemachte Sache. Daß stets umfangreiche Dollarreserven in der Bilanz der Bundesbank standen, wußte und weiß man jenseits des Atlantiks zu schätzen.

In den sechziger Jahren wagte es das gaullistische Frankreich, Dollars auf den Markt zu werfen und dafür amerikanisches Gold zu verlangen – die Bundesbank hätte dies nie getan. Damals waren die USA noch der größte Gläubiger der Welt, heute sind sie der größte Schuldner. Sie müssen mehr denn je daran interessiert sein, daß die Bundesbank – nicht anders als die japanische Zentralbank – auch in Zukunft Dollars hält und kauft. *Es ist erstaunlich, daß sich im Devisenportfolio der Bundesbank, trotz der engen europäischen Zusammenarbeit, fast nur Dollars finden – eine Währung, die nach 1985 drastisch und mit Absicht abgewertet wurde.* Und noch erstaunlicher ist, daß die deutsche Zentralbank zusätzlich zu den Wechselkursverlusten auch noch einen Zinsverlust hinnimmt. Denn die Dollars sind kurzfristig in niedrigverzinslichen Treasury Bills, nicht aber in langfristigen Dollar-Bonds angelegt. Vielleicht zeigt dies, daß die Bundesbank dem großen Bruder nicht ganz traut und eine langfristige Bindung scheut.

Die neue deutsche Währung, die maßgeblich zur Stabilisierung des freien Westeuropa gegen den kommunistischen Machtanspruch beitragen sollte und zudem die Finanzhegemonie des Dollars stützte, wurde in den USA intellektuell vorbereitet, in England gedruckt und auf Anweisung der Besatzungsmacht eingeführt. Und es ist kein Zufall, daß der harte Kern der deutschen Währungsreserven – das Gold nämlich – immer noch zum allergrößten Teil in New York und London liegt. Die Rückführung des Metalls nach Frankfurt würde als Affront empfunden. In letzter Konsequenz bedeutet dies, daß die Bundesbank über die zwei wichtigsten Posten auf der Aktivseite ihrer Bilanz, die Dollarguthaben und die 95 Millionen Unzen Gold, nicht physisch verfügt.

Im Gegensatz zum eher deutschfeindlichen US-Treasury Department war das State Department, das Außenministerium also, schon bald nach dem Krieg an einer Stabilisierung Deutschlands, an der Errichtung einer deutschen Notenbank und auch an einer Währungsreform interessiert. Anfang 1946 berief das Außenministerium eine Kommission, die die Währungsreform vorbereiten sollte. Ihr gehörten an: Joseph Dodge, ein Bankier aus Detroit, Gerhard Colm, ein aus Deutschland eingewanderter Wirtschaftswissenschaftler und Raymond Goldsmith, ein in Deutschland geborener Statistiker, der die Inflation der Jahre 1921 bis 1923 selbst erlebt hatte, bevor er in die Vereinigten Staaten emigrierte. Mit einem Stab von 17 Leuten begann die Kommission ihre Arbeit im März 1946 und legte schon zwei Monate später ihren Schlußbericht vor, nachdem sie 30 verschiedene deutsche Pläne für eine Währungsreform konsultiert hatte. Der Bericht sah eine Umstellung im Verhältnis 10 zu 1 sowie einen deutschen Lastenausgleich vor.

Daß die Währungsreform dann noch zwei Jahre auf sich warten ließ, hatte auch mit dem Zerfall der Kriegskoalition zu tun. Laut Potsdamer Abkommen sollte Deutschland als wirtschaftliche Einheit behandelt werden, das Land hätte demnach auch eine gemeinsame neue Währung erhalten müssen. Das Mißtrauen zwischen den beiden Großmächten erwies sich jedoch als unüberbrückbar. Die Amerikaner wollten nicht riskieren, daß die DM-Druckplatten von den sowjetischen Behörden mißbraucht wurden. Auf deutschem Territorium kam nämlich nur die Reichsdruckerei in Leipzig für die Herstellung der Banknoten in Frage. Schließlich wurde entschieden, in England zu drucken. Das Design des Geldes war rein amerikanisch.

Nachdem die Entscheidung gefallen war, die Währungsreform auf die Westzone zu begrenzen, wurde eine Gruppe deutscher Experten in einer Kaserne in Rothwesten bei Kassel zusammengezogen und von der Außenwelt isoliert. Ludwig Erhard war nicht darunter. Er konnte jedoch seine Forderung durchsetzen, einen Großteil der Preiskontrollen – keineswegs alle – im Zuge der Währungsreform aufzuheben. Im Verlauf von 49 Tagen erarbeitete die Runde in Rothwesten alle notwendigen Gesetze, Proklamationen und Anweisungen für die Währungsreform. Eine Schlüsselrolle spielte dabei der amerikanische Offizier Edward Tenenbaum, der gehörigen Druck ausübte, damit die Arbeiten zügig vorangingen und der die Verbindung zwischen den Deutschen und den alliierten Behörden hielt – eine respektable Leistung für einen 25jährigen Volkswirt.

Die Verlierer der Währungsreform von 1948

Am 16. Juni 1948 kündigten die westlichen Militärregierungen an, sie würden in ihren Besatzungszonen eine Währungsreform durchführen. Am 20. Juni wurden das Währungsgesetz und das Emmissionsgesetz verkündet. Am 21. Juni begann die Umstellung offiziell. Am 23. Juni sperrte die Rote Armee den Verkehr nach Berlin. Und am 24. Juni folgte die separate Währungsreform in der sowjetischen Besatzungszone.

Fast zeitgleich wurde Deutschland monetär und politisch gespalten. Moskau erweckte dabei den Anschein, als sei lediglich auf das einseitige amerikanische Vorgehen reagiert worden. Aber in Wirklichkeit war auch die Ostmark schon gedruckt. Nach wenigen Wochen war sie nur noch halb soviel wert wie die Deutsche Mark im Westen, im Oktober 1948 war der Wechselkurs auf 1 : 4 gefallen. Es bedurfte der merkwürdigen Währungsunion des Jahres 1990, damit diese Geldimitation wieder zu Rang und Würden kam.

Jede Währungsreform schlägt verschiedene Fliegen mit einer Klappe, und es mag lehrreich sein, sich einige Einzelheiten in Erinnerung zu rufen. Als sich die Gerüchte über die bevorstehende Umstellung verdichteten, bekamen es all diejenigen mit der Angst zu tun, die auf großen Mengen von Schwarzgeld saßen. Die Nachfrage nach Geldmünzen war groß, weil man (dies zurecht) annahm, sie würden zunächst in Umlauf bleiben. Und eine andere Ahnung bestätigte sich: Als am Sonntag, dem 20. Juni, der erste Teil des 60-Mark-Kopfgeldes – nämlich 40 Mark – von den Lebensmittelkartenstellen im Tausch gegen die gleiche Menge Altgeld ausgezahlt wurde, erhielt jeder ein Formular. Darauf mußte er seinen gesamten Besitz an Reichsmarknoten und seine Bank- und Sparguthaben anmelden. Viele Schwarzhändler zogen es vor, ihre Bestände an Reichsmark zu vernichten. Heute kursieren in ganz Europa Schwarzgelder in gewaltigen Mengen, und man darf gespannt sein, wie sie einer Registrierpflicht vor dem Eintausch in die ECU zuvorkommen werden.

Im Vergleich zur innerdeutschen Währungsreform des Jahres 1990, die nur logistisch perfekt ablief, weil für die technische Seite nicht Bonn, sondern die Bundesbank zuständig war, nimmt sich die Reform von 1948 wie ein kleines Kunstwerk aus. Die Reichsmark-Guthaben aller öffentlicher Stellen erloschen am 21. Juni, selbstverständlich auch die der NSDAP und aller ihrer Gliederungen. Mit der SED und ihren Hilfsorganisationen wurde 1990 gnädiger verfahren. Das rote Parteivermögen wurde erst in richtiges Geld umgewandelt, dann wurde der Teil davon, dessen man habhaft werden konnte, beschlagnahmt. Auf die Idee, die Guthaben der Kommunisten und ihrer Bundesgenossen kurzerhand zu streichen, kam niemand. Viele konnten sich an der Währungsunion bereichern, die Betrügereien gingen in die Milliarden. Wer sich bei Privatbanken in der Schweiz und Deutschland umhört, kann erfahren, daß Konten in Höhe von bis zu einer Milliarde Mark existieren, deren Inhaber in der ehemaligen DDR sitzen. Das ist das Gegenteil von Geldvernichtung. Kann dies der Sinn einer Währungsreform sein? Die Umstellung von 1990 hat nichts bereinigt, die Wirtschaft der neuen Bundesländer nicht entlastet, sondern eine drückende Hypothek geschaffen, weil die DDR-Mark real massiv aufgewertet wurde.

Im Prinzip wurde 1948 10 zu 1 umgestellt, die teilweise blockierten Bank- und Sparguthaben am Ende jedoch noch schlechter, nämlich 10 zu 0,65. Denn ein Teil der Einlagen bei den Geldinstituten wurde gestrichen. Abgewertet wurden auch die Renten- und Lebensversicherungsverträge, nicht jedoch die Leistungen aus der Sozialversicherung, die Pensionen und Leibrenten. Sie wurden zu 100% umgestellt. Ebenso Gehälter, Mieten und andere wiederkehrende Leistungen – es war also ein Mißverständnis, wenn man in der DDR 1990 annahm, die Umstellung der Löhne sei durch das Verhältnis der Währungsumstellung bereits präjudiziert.

Die Währungsreform von 1948 machte weitaus mehr Gesetze notwendig und war viel komplizierter, als hier dargestellt werden konnte. Das »Gesetz zum Abschluß der Währungsumstellung« ließ bis zum 17. Dezember 1975 auf sich warten. Die Bundestagsabgeordneten, die dem Vertrag von Maastricht leichtfertig zustimmten, haben keine Ahnung davon, wie viele praktische Probleme eine europaweite Währungsumstellung schaffen würde und wie teuer sie zu stehen käme.

War die Umstellung von 1948 überhaupt nötig? Nicht unbedingt. Schließlich war die Reichsmark nicht wertlos wie 1923, die Wirtschaft hätte theoretisch auch in den zu großen Geldmantel nach und nach hineinwachsen können. Und es war keineswegs so, daß die Währungsreform als sofortiger Erfolg empfunden wurde. Das Mißtrauen gegen die Wertbeständigkeit der neuen Banknoten schwand nur langsam. Denn dies war eine ungedeckte Papierwährung. Deutschland besaß kein Gold mehr, die letzten Reserven waren den amerikanischen Truppen in Thüringen in die Hand gefallen. Jede neue Währung wird nur zögernd akzeptiert, und dies wird auch dem europäischen Einheitsgeld nicht anders ergehen.

Dennoch: Der Entschluß, die Währung umzustellen, erwies sich als richtig. Nichts tut einer Volkswirtschaft wohler als die Liquidation abgestandener Schulden. Und der Staat erhielt die historische Chance, seine Finanzen nun dauerhaft in Ordnung zu halten. Sie wurde, beginnend in den siebziger Jahren, gründlich verspielt. Wer heute den Schuldenstand Deutschlands mit dem anderer Länder, zum Beispiel den USA

oder England, vergleicht, darf nicht vergessen, daß der deutsche Schuldenberg in viel kürzerer Zeit aufgetürmt wurde.
Anders als 1990 das Wirtschaftsgebiet der untergehenden DDR, wurde Westdeutschland nach 1948 keineswegs sofort dem Schock der freien Marktwirtschaft ausgesetzt. Das Wirtschaftsleben und der Zahlungsverkehr mit dem Ausland blieben noch lange reguliert. Das Gesetz gegen Preistreiberei wurde im Januar 1950 sogar verlängert. Im zweiten Jahr nach der Währungsreform geriet die deutsche Leistungsbilanz tief ins Defizit. Anfang 1951 mußte die ohnehin knappe Zuteilung von Reisedevisen vorübergehend ganz gesperrt werden. Es wurde sogar ein Einfuhrstop für Waren aus den Ländern der Europäischen Zahlungsunion verhängt. Der Preisstop für bebaute Grundstücke und Trümmergrundstücke wurde erst Ende 1952 aufgehoben. Auf einen freien Kapitalmarkt mußten die Deutschen bis 1955 warten. Konten in fremden Währungen bei ausländischen Kreditinstituten durften die Bundesbürger erst 1958 unterhalten.

1990 waren die Lehren des Wirtschaftswunders vergessen

Vielleicht wäre das ganze Experiment ohne die grundsolide Finanzpolitik Bonns doch noch gescheitert. Die junge Bundesrepublik fing sehr bescheiden an, aber die Richtung stimmte. Ludwig Erhard gab die richtige Philosophie vor, machte aber keine unrealistischen Versprechungen. 1990 hatten die Verantwortlichen in Bonn die Lehren des ersten deutschen Wirtschaftswunders offenbar vergessen. Es wurden nahezu alle Fehler gemacht, die theoretisch machbar waren. *Und schließlich ein anderer, gravierender Unterschied: nach 1948 wurde mit einer lang andauernden Unterbewertung der Deutschen Mark die Basis für die Exporterfolge gelegt, die Deutschland wieder zu einem reichen Land machten und übrigens auch die Anhäufung neuer Goldreserven ermöglichten.* Im September 1949 war die Deutsche Mark von

DM 3,33 auf DM 4,20 zum Dollar abgewertet worden, nachdem kurz vorher das Pfund und andere Währungen abgewertet hatten.

1990 brach zuerst der Export der neuen Bundesländer zusammen, wofür die unrealistische Währungsumstellung, die real gestiegene Verschuldung der Unternehmen und die Wirtschaftskrise in Osteuropa verantwortlich waren. Anschließend schrumpfte auch der westdeutsche Export. Dafür gab es verschiedene Gründe, aber das Finanzchaos im Gefolge der deutschen Währungsunion spielte durchaus eine nicht unerhebliche Rolle. Denn mit der öffentlichen Verschuldung stiegen Inflation und Zinsen, die Mark wertete sich deswegen auf, die deutschen Exporte wurden empfindlich verteuert.

Daß die Deutsche Mark in den ersten vier Jahrzehnten ihrer Existenz langsamer an Kaufkraft verlor als alle anderen großen Währungen, ist einer Reihe von Faktoren zu verdanken: der Produktivität und den Exporterfolgen der deutschen Wirtschaft, der im internationalen Vergleich hohen Sparquote der Bürger, der unter dem Eindruck von 1923 und 1948 hoch entwickelten nationalen Geldkultur und nicht zuletzt der Deutschen Bundesbank, einer der letzten Institutionen in Deutschland, die uneingeschränkten Respekt genießen. Der Regierung oder den Parteien die Kontrolle über das Geld anzuvertrauen, hätte verhängnisvolle Konsequenzen gehabt.

Die hauptsächliche Tätigkeit der Politiker besteht bekanntlich darin, den einen Geld abzunehmen, damit es den anderen gegeben werden kann. Sie haben sich längst daran gewöhnt, mehr auszugeben als einzunehmen. Die zur Verfügung stehende Masse reicht nie, egal ob die Steuern erhöht oder gesenkt werden, ob im Haushalt hier etwas gestrichen oder dort etwas draufgelegt wird. Ob mit oder ohne Wiedervereinigung, ob in der Rezession oder im Aufschwung – die Staatsschuld wächst immer. Die politische Klasse hat sich selbst die Lizenz erteilt, Macht zu kaufen und sie mit Geld zu zementieren. Den Politikern muß deswegen die Unabhängigkeit einer Notenbank eine ständige Quelle der Irritation sein.

Selbst die Unabhängigkeit der Bundesbank hat ihre Grenzen

Auch die Regierung Adenauer konnte sich zunächst nicht damit anfreunden. Ab Januar 1947 wurden die deutschen Landeszentralbanken nach und nach gegründet, im März 1948 entstand die Bank deutscher Länder als Bank der Landeszentralbanken, und erst am 1. August 1957 trat das Gesetz über die Deutsche Bundesbank nach Artikel 88 des Grundgesetzes in Kraft.

Schon am 31. Oktober 1949 hatte der Präsident der Bank deutscher Länder, Wilhelm Vocke, an Adenauer geschrieben: »Ich halte es für außerordentlich wichtig, daß Sie, sehr verehrter Herr Bundeskanzler, den Gedanken der Aufrechterhaltung der Unabhängigkeit und Selbständigkeit der Bankleitung so nachdrücklich unterstützen.«

Letzteres war eher ein frommer Wunsch, denn Adenauer hielt in Wirklichkeit nicht viel von einer unabhängigen Zentralbank. Er hätte sie lieber den Weisungen der Regierung unterstellt. Noch 1950 dachte man in Bonn daran, die Notenbank einem »Bundesausschuß für währungs- und wirtschaftspolitische Entscheidungen« unterzuordnen. Zurecht hatte Vocke in seinem Brief konstatiert, daß sich von der Wirtschaft bis zu den Parteien, Parlamenten und Regierungen »überall nur eine Tendenz gegenüber der Notenbank dokumentiert, nämlich immer mehr Geld, immer mehr Kredite zur Verfügung zu erhalten«.

Nicht zuletzt, weil sich Ludwig Erhard auf die Seite Vockes schlug, konnte im Bundesbankgesetz von 1957 verankert werden, daß die Bank von Weisungen der Bundesregierung unabhängig ist. Sie untersteht damit weder der Richtlinienkompetenz des Bundeskanzlers noch der Aufsicht eines Bundesministers. Es stimmt aber nicht, worauf auch Wilhelm Nölling in seinem Buch »Unser Geld« hinweist, daß die Bundesbank eindeutig und einseitig auf die Preisstabilität festgelegt wurde.

Dies hätte sie in der Tat überfordert, denn Geldentwertung

kann zwar von einer Notenbank jederzeit aktiv betrieben, aber nicht immer verhindert werden. Die Inflation ist eben auch das Ergebnis von Rahmenbedingungen, auf die die Notenbank keinen Einfluß hat.

So kam es, daß die Verbraucherpreise seit Bestehen der Bundesrepublik nur in drei Jahren zurückgingen (1950 um 6,4%, 1953 um 2% und 1986 um 0,1%), sonst aber immer nur stiegen. Die Bundesbank konnte das Tempo der Geldentwertung beeinflussen, an der Geldentwertung selbst änderte sie nichts. Schließlich ist sie laut Gesetz eben auch verpflichtet, die allgemeine Wirtschaftspolitik der Bundesregierung zu unterstützen. Nölling kommt zu dem Schluß: »Der Gesetzgeber war also eher vorsichtig und hat das Ziel der Geldwertstabilität nicht absolut gesetzt.«

Das Resultat: Im Vergleich zu 1948 war die Kaufkraft des Geldes in Deutschland bis Mitte 1992 von 100 auf 30,6% gesunken, in den USA jedoch auf 17,5%, in Japan auf 13,7%, in Frankreich auf 7%, in Großbritannien auf 5,8% und in Italien auf 5,2%. Es ist eben alles relativ.

Daß es unter den Bedingungen des Papiergeldstandards in Umverteilungsgesellschaften keine Geldwertstabilität geben kann, wurde bereits erläutert. Nach dem klassischen Goldstandard und dem Golddevisenstandard, der bereits eine Verwässerung darstellte, hat auch Deutschland nun nicht mehr die bestmögliche, sondern die drittbeste Geldverfassung: ein Papiergeld, dessen Umlauf von den erfahrenen Geldtechnikern in Frankfurt mit den Mitteln der Geldmengensteuerung begrenzt wird, soweit dies überhaupt möglich ist. Der Wert eines solchen Geldes hängt grundsätzlich immer an einem seidenen Faden. Würde der große Vertrauensvorschuß, den die Bundesbank im In- und Ausland genießt und den sie sich über viele Jahre hinweg erarbeiten mußte, verlorengehen, dann könnte die Deutsche Mark bald in die Liga der Weichwährungen zurückfallen. Unmöglich ist das nicht, aber doch schwer vorstellbar, solange Frankfurt verantwortlich bleibt und so lange die Regierenden fürchten müssen, für Experimente mit dem Geldwert vom Wähler bestraft zu werden.

Dies alles in eine Europawährung hineinretten und auf eine Europäische Zentralbank übertragen zu können, ist eine Illusion. Die Europabank wird es schwer haben, das Prestige der Bundesbank zu erwerben. Wahrscheinlich gelingt es ihr nie. Die Deutschen werden sich schwer damit tun, dem neuen Geld so zu vertrauen wie der Mark. Wahrscheinlich werden sie es nie als gleichwertig akzeptieren. Eine Geldkultur wird mühsam aufgebaut, zerstört ist sie schnell.

Die dritte Währungsreform ist anders – und freiwillig

Unter dem Geldregime von Maastricht wird es keinen eindeutigen Adressaten für Beschwerden mehr geben. Denn das Regime ist anonym. Das ist ja der Hintergedanke bei den meisten europäischen Konstruktionen: die nationalen Politiker bleiben zwar in Amt und Würden, können aber nicht mehr haftbar gemacht werden. Die Entscheidungen fallen in grauen Gremien, und der Bürger mag dann bei einer Kommission in Brüssel, bei einem kompetenzlosen Parlamentarier in Straßburg oder bei einem italienischen Notenbankgouverneur vorstellig werden, wenn ihm die Entwicklung des Geldwertes nicht mehr paßt. Nutzen wird es nichts, jeder Protest stößt ins Leere. Die früher Zuständigen sind aus der Verantwortung geflohen.

Deutschland hat genug Experimente mit dem Geld durchlitten und dann – nach 1948 – gute Erfahrungen gemacht. Es war nicht der beste, aber doch der bestmögliche Zustand. Die ersten beiden Währungsreformen, die von 1923 und 1948, haben Vermögen zerstört, aber immerhin auch einen Neuanfang ermöglicht. Sie wurden von äußeren Umständen erzwungen. Auf die dritte Währungsreform läßt man sich freiwillig ein, ohne besondere Notwendigkeit und ohne erkennbare Vorteile. Das Ärgerliche dabei ist, daß diese Umstellung, die eine gute Währung beseitigt, nach allgemeiner Sprachregelung nicht Währungsreform genannt werden darf.

In Deutschland gab es Bildungs-, Gesundheits- und Rentenreformen, reformiert wurde wahllos Wichtiges und Unwichtiges, aber ausgerechnet der Abschied von der Deutschen Mark, die über vier Jahrzehnte gute Dienste geleistet hat, soll keine »Reform« sein? Dabei wird doch eine Währung durch eine andere ersetzt: Wenn dies keine Währungsreform ist, was ist es dann? Sie auf eine Stufe mit den Reformen von 1923 und 1948 zu stellen, ist zwar falsch, denn die Möglichkeiten, das Geld zu manipulieren, wurden seitdem unendlich verfeinert. Aber naiv ist es, diese dritte große Umstellung des Jahrhunderts herunterzuspielen und propagandistisch zu verharmlosen. Die Mark ist es immer noch wert, gegen die Systemveränderer verteidigt zu werden. *Wenn die Währung fällt, haben die Deutschen eine andere Republik.*

KAPITEL 5

Die Gefahren vor uns

»Gegenüber dem Ausmaß der Enteignung durch Geldmanipulationen verblassen die Geldfälschungen des Mittelalters und Altertums. Die Entwertung des Römergeldes hat mehr als drei Jahrhunderte gebraucht; im 20. Jahrhundert genügten in den meisten europäischen Staaten wenige Jahre, und manche Länder sahen zwei vollständige Entwertungen in einer Generation. Verkürzung von Metallgeld ist sichtbar und kann nur bis zu einem gewissen Grad fortgesetzt werden, Schaffung von Notengeld kann rasch und unmerklich gesteigert werden. Durch Beseitigung des Metallgeldes und Monopolisierung der Notenemission kann der Staat die Enteignung seiner Bevölkerung in kurzer Frist durchführen. Die Herrschaft über Steuer und Geld gibt dem großen Schuldner, dem Staat, die schnellste Möglichkeit der Entlastung. Es ist paradox, daß es dem Schuldner überlassen wird, die Geldzeichen zu schaffen, die ihn entschulden.«

FELIX SOMARY,
Krise und Zukunft der Demokratie, Zürich 1952

»Ich glaube nicht, daß die führenden Kreise in Deutschland die D-Mark wirklich aufgeben wollen«, meinte Henry Kissinger im September 1992. Der frühere amerikanische Außenminister ist ein ernstzunehmender Mann. Er hat Zugang zu den Mächtigen der Welt, er ist auf dem bestmöglichen Stand der Information, er zieht immer noch manche Fäden hinter den Kulissen. Könnte er mit seinem Verdacht recht haben?

Wenn ja, dann würden sich die eklatanten Widersprüche der Politik Kohls und Waigels am Ende in Nichts auflösen. Sie hätten nur so getan, als ob – und sie hätten von Anfang an darauf gesetzt, daß sich der Maastrichter Vertrag durch sein

Scheitern selbst erledigen würde. Besonders für Waigel wäre diese Version eher schmeichelhaft, denn sie würde bedeuten, daß er selbst nie glaubte, was er sagte.

Trotzdem bezweifle ich, daß die politische Führung in Bonn zu einem solchen Macchiavellismus fähig ist. Die »führenden Kreise in Deutschland«, das sind nicht nur die Politiker, sondern auch die großen Unternehmen und die Banken. Auf deren Bedürfnisse ist ein nivellierter Wirtschafts- und Währungsraum in Europa durchaus zugeschnitten. Und immerhin hat die Bundesregierung in letzter Minute über 20 Millionen Mark für eine massive Pro-Maastricht-Propagandakampagne locker gemacht, um den wachsenden Widerstand der Bürger zu brechen. Die Regierung meint es ernst. Schließlich geht sie das Risiko ein, wegen Maastricht die nächsten Bundestagswahlen zu verlieren.

Und es war durchaus glaubhaft, was Rudolf Augstein am 26. April 1993 im »Spiegel« schrieb: »Kohl will ein einiges Europa, weiß aber nicht, und will auch nicht wissen, was er darunter zu verstehen hätte. Balladur weiß es hingegen: Es gilt, die Bundesbank zu untergraben, und gleichzeitig soll Frankreich sein Wesen als alte Nation behalten. Leider haben wir in Bonn keine Regierung, die eigene Interessen vertreten will. Die Floskel ›Europa‹ genügt. Paris hingegen weiß, was es will, sagt sogar, was es will, und tut, was es will. Die europäische Einigung ist dabei nur eine Farce. Auch betrachtet die französische Regierung ihre Brüsseler Spitzenleute nicht als abgehalfterte Politiker, die man irgendwie zufriedenstellen muß. So bleiben wir hoffnungslos im Hintertreffen, trotz aller wirtschaftlichen Stärke. Mögen die französischen Politiker sympathisch oder unsympathisch sein, sie verkörpern die erfolgreichere politische Kultur.«

Die Hürden, die auf dem Weg von Maastricht zur endgültigen Währungsunion liegen, sind in der Tat so groß, daß der ganze Plan doch noch scheitern könnte. Zwar wurde bereits mit den technischen Vorbereitungen für die Einheitswährung begonnen (in wie vielen Sprachen soll das Geld bedruckt werden?), zwar darf die Hartnäckigkeit der EG-Bürokratie nicht unterschätzt werden, zwar werden Paris und Bonn (aus unterschiedlichen Motiven) an dem einmal eingeschlagenen Kurs so lange als möglich festhalten – aber die endgültige Entscheidung wird wohl doch nicht vor 1996 fallen. Der Vertrag enthält eben nicht nur einen berüchtigten Automatismus mit gefährlichen Terminzwängen, sondern auch Klauseln und Konvergenzkriterien, mit denen er am Ende zu Fall gebracht werden könnte, wenn man sie nur wörtlich nimmt. Und daß die nächste deutsche Regierung in letzter Minute abspringt, ist nicht völlig auszuschließen. Der Kampf um Maastricht verspricht ein spannendes, jahrelanges Drama zu werden. Denkbar ist auch, daß am Ende eine EG mit einem anderen Schwerpunkt steht, wobei die Schweizer, die Österreicher und die Skandinavier eine wichtige Rolle spielen und die Osteuropäer einbezogen werden, die Südeuropäer aber an Einfluß verlören.

Wenn aber doch alles so kommt, wie es in Maastricht beschlossen wurde, liegen große Gefahren vor uns:

• Die Demokratie in Deutschland wird ausgehöhlt, das Parlament entmachtet, das Volk als Verfassungsgeber und Souverän entmündigt.

• Die Deutsche Bundesbank verliert bereits mit der Errichtung eines Europäischen Währungsinstituts zunehmend an Unabhängigkeit, bis sie schließlich ganz ausgeschaltet wird.

• Aus Gründen, die ich später erläutern werde, könnte es bereits in den neunziger Jahren an den Devisenmärkten zu einer panikartigen Flucht aus der Mark kommen.

• Spätestens 1999 wird die dann vielleicht schon geschwächte Deutsche Mark als eigenständige Währung abgeschafft.

• Sobald es keine konkurrierenden Währungen in Europa mehr gibt, verlieren die Investoren die Möglichkeit, zwischen gutem und schlechtem Geld zu wählen. Schlupflöcher wie Luxemburg, Österreich oder am Ende vielleicht sogar die Schweiz werden geschlossen. Wer dann denkt, er könne nach Übersee ausweichen und in den Yen oder Dollar flüchten, wird nicht wenig überrascht sein, daß der Maastrichter Vertrag selbst Devisenkontrollen nicht ausschließt. Im schlimmsten Fall wird der Investor zum Gefangenen der neuen europäischen Binnenwährung.

• Am Ende stellt sich heraus, daß sich zwar Staatsdefizite, Schuldenberge und Sozialsysteme europäisieren lassen, daß das Modell der Bundesbank aber nicht übertragbar ist. Das Eurogeld wird seinen Wert schneller als erwartet verlieren – zwar nicht so schnell wie die Lira in den vergangenen Jahrzehnten, aber eben doch erheblich schneller als die gute alte Deutsche Mark.

Maastricht kollidiert mit dem deutschen Grundgesetz

Mit dem Vertrag von Maastricht haben sich Regierung und Parteien in Bonn zum ersten Mal in der Geschichte der Bundesrepublik in einer vitalen Frage über den Willen ihrer Wähler hinweggesetzt. Drei ehemalige Verfassungsrichter – Ernst Benda, Konrad Hesse und Helmut Simon – kamen zu dem Urteil, daß die Bundesrepublik mit dem Maastrichter Vertrag ihr bewährtes Grundgesetz aufgebe, ohne dafür eine europäische Verfassung zu bekommen. Benda wörtlich: »Damit gerät das Demokratieprinzip ins Rutschen.«

Warum das so ist? Weil die Währungshoheit ein wesentliches Kennzeichen der Staatsgewalt darstellt, weil mit deren Verlust auch keine eigenständige deutsche Wirtschaftspolitik mehr möglich ist und weil mit dem Maastrichter Vertrag wesentliche Rechte des Bundestages an die demokratisch nicht legitimierte Kommission in Brüssel übertragen werden. Es gab und gibt keinen vernünftigen Grund dagegen, die Wähler über den Vertrag von Maastricht abstimmen zu lassen, denn laut Grundgesetz geht alle Staatsgewalt vom Volke aus. Das Volk, nicht das Parlament, ist der ursprüngliche Verfassungsgeber und Inhaber der deutschen Souveränitätsrechte. Ein Recht kann aber nur von seinem Inhaber aufgegeben werden – deswegen der Ruf namhafter Juristen nach einem

Volksentscheid über den Vertrag. Die Regierenden verweigern ihren Wählern dieses Recht. In der CSU haben die Minister Gauweiler und von Waldenfels ein Referendum verlangt, in der SPD eine ganze Reihe prominenter Abgeordneter. Nur die CDU folgt in blinder Geschlossenheit ihrem Vorsitzenden, der sich nicht im geringsten daran zu stören scheint, daß über zwei Drittel der Deutschen erstens die Mark behalten wollen und zweitens eine Volksabstimmung über den Vertrag von Maastricht wünschen.

Eine ganz andere Frage ist es, ob die Mark den Tag X einer europäischen Währungsreform überhaupt noch heil erreicht. Die DM ist bekanntlich eine reine Papierwährung ohne Deckungsvorschriften und – seit der Verabschiedung des Bundesbankgesetzes von 1957 – ohne Begrenzung des Notenumlaufes. Damit unterliegt sie definitionsgemäß wie alle manipulierten Papierwährungen der Gefahr, wertlos zu werden.

Für unser Thema ist folgendes entscheidend: Die Bundesbank war (abgesehen von der Schweizerischen Nationalbank) seit den siebziger Jahren die einzige Notenbank, die die ihr anvertraute Währung so zu verwalten suchte, als sei sie noch an das Gold gebunden. Sie handelte, so gut es ging, im Geiste des Goldstandards. Sie weigerte sich, ihre Geldpolitik in den Dienst der Regierung zu stellen und bemühte sich, die Geldmenge nur so schnell wachsen zu lassen, wie sie auch nach den Regeln einer Goldbindung gewachsen wäre.

Zunehmende Gefahren für die Deutsche Mark

So war es jedenfalls bis 1987. Danach geriet die Geldmenge aus politischen Gründen nach und nach außer Kontrolle. Erst mußte die Bundesbank massiv den Dollar aufkaufen, als er sehr schwach war – und das lief darauf hinaus, daß sie Geld »druckte«. Dann kam die von Bonn völlig falsch angelegte Währungsunion mit der DDR, die mittelbar und unmittelbar zu einer Explosion der deutschen Geldmenge führte. Im September 1992 wurde die Bundesbank von Bonn und den EG-Partnern brutal unter Druck gesetzt und mußte die DM-Zinsen fallen lassen, bevor sie dies für gerechtfertigt hielt. Es war eine Teilkapitulation. Und nun wird die Frankfurter Stabilitätspolitik auf Jahre hinaus durch unverantwortlich hohe Staatsschulden konterkariert. Denn die Finanzierung dieser Schulden wird die Bundesbank ermöglichen müssen, ob sie will oder nicht. Sie wird das Geld zwar nicht direkt dem Staat geben, es aber den Geschäftsbanken leihen, die damit ihrerseits Staatsschulden aufkaufen. Die Mark ist im Grunde keine gesunde Währung mehr.

Selbst wenn es Maastricht nicht gäbe, könnte eines fernen Tages eine Währungsreform nötig werden, wie sie fast alle Papierwährungen irgendwann erleiden. Das Wort ist in Deutschland tabu, es verbreitet tödlichen Schrecken. Um so erstaunlicher war es, daß ein so nüchterner Mann wie der Präsident des Bundesrechnungshofes, Heinz-Günter Zavelberg, am 5. November 1992 warnte: »Wenn die Staatsverschuldung ungebremst weiterliefe – ich spreche bewußt im Konjunktiv –, dann könnte sogar eine Währungsreform notwendig werden.«

Ähnlich ominöse Andeutungen hatte einige Monate zuvor der ZDF-Journalist Balkhausen in seinem Buch über die Bundesbank wiedergegeben. »Wir sind dem Gelddrucken näher, als viele glauben«, zitierte er den (ungenannten) Präsidenten eines Spitzenverbandes der Geldwirtschaft. Und ein pensioniertes Mitglied des Direktoriums der Deutschen Bundesbank wollte nicht einmal ausschließen, daß Bonn das Bundesbankgesetz ändern werde, um an mehr Geld zu kommen: »Um die Kuh Bundesbank zu melken, müßte das Gesetz geändert und dem Volk Sand in die Augen gestreut werden. Es steht ebenfalls nicht im Gesetz, daß die Notenbank Staatskredite finanzieren muß, aber de facto muß sie doch den Geldrahmen bereitstellen. Und wenn die Staatsverschuldung zu stark anschwillt, wird die Notenpresse automatisch in Gang gesetzt.«

Weil diese Gefahren tatsächlich drohen, sollte jeder Versuch Bonns, die Bundesbank einzuengen und ihre Kompetenzen zu beschneiden, auf härtesten Widerstand der öffentlichen Meinung stoßen. Die Mark steht und fällt mit der Bundesbank. Und dem Präsidenten der Landeszentralbank in Baden-Württemberg, Gundram Palm, ist zuzustimmen, wenn er die weitverbreiteten Ängste in die richtige Perspektive rückt: »Da die Bundesbank von Weisungen der Bundesregierung unabhängig ist, besteht die Gefahr einer monetären Finanzierung der Staatsausgaben nicht. Insofern ist – und dies möchte ich ausdrücklich betonen – die Angst vor einer Währungsreform unbegründet.« Man muß den Satz nicht zweimal lesen, um zu verstehen, wie er gemeint ist.

Denkbar ist aber auch, daß die Mark am Maastrichter Vertrag schon Schaden nimmt, bevor er überhaupt in Kraft getreten ist. Denn im Gegensatz zu den anderen europäischen Devisen spielt die Mark eine prominente internationale Rolle. Sie ist nach dem Dollar die zweitgrößte Reservewährung der Welt. Die internationalen Zentralbanken und die Geschäftsbanken halten einen erheblichen Teil ihrer Reserven in Deutscher Mark. Sobald sie ernsthaft mit einer Währungsumstellung in Europa rechnen müssen, haben die ausländischen Banken im Prinzip zwei Möglichkeiten: Entweder sie tun nichts, dann werden ihre Mark-Bestände am Tag X automatisch in Eurogeld umgetauscht. Sie erhalten dann eine Währung, deren Umtauschrelation sie vorher nicht wissen und über deren Qualität sich keine seriösen Voraussagen machen lassen.

Oder aber – das ist die zweite Möglichkeit – die Banken verkaufen ihre Mark-Bestände vorsichtshalber vorher, um nicht zu Gefangenen der unerprobten Eurowährung zu werden. In diesem Fall würde der Kurs der Mark an den Devisenmärkten zusammenbrechen, die Zinsen würden steigen, die Folgen für die deutsche Wirtschaft wären verheerend. Die Bundesbank müßte vielleicht sogar einen Teil ihres Goldschatzes von 95 Millionen Unzen verpfänden oder verkaufen. (Dies ist übrigens ein verläßliches Indiz dafür, daß an einer Währung etwas faul ist: wenn ein Land Gold verkaufen muß, sollten Sie als Anleger die Währung dieses Landes verkaufen. Von SPD-Seite werden schon erste Forderungen erhoben, das Gold der Bundesbank anzugreifen und mit dem Erlös die Löcher im Bonner Haushalt zu stopfen. Das Gold wäre schnell verbraucht, das Defizit bliebe. Denn das deutsche Währungsgold deckt die Staatsschulden, bezogen auf einen Goldpreis um $ 350, nur mehr zu etwa 3 %.)

»Deutschland auf dem Weg in die dritte Währungsreform«, heißt der Untertitel dieses Buches. Damit ist freilich in erster Linie nicht die inflationäre Zerrüttung der Mark durch Überschuldung gemeint, vor der der Präsident des Bundesrechnungshofes warnte, sondern die europäische Währungsreform, wie sie der Maastrichter Vertrag bindend und spätestens für das Jahr 1999 vorschreibt. Die Regierung behauptet, dies sei überhaupt keine Währungsreform. Was ist es dann? Geld erfüllt immer drei Aufgaben:

(1) Geld dient als Recheneinheit. Wird sich diese laut Maastrichter Vertrag ändern? Sehr wohl, denn an die Stelle der Mark tritt eine völlig neue Recheneinheit, die »Europäische Währungseinheit« (ECU). Am Stichtag dieser Währungsreform werden alle Forderungen und Verbindlichkeiten in Deutscher Mark auf ECU umgestellt. Und zwar zu einer Relation, die jetzt noch nicht bekannt ist! Vielleicht wird sie bei zwei Mark zu einer ECU liegen, vielleicht wird der Handel die Umstellung zu »Preisabrundungen« nach oben ausnutzen, vielleicht auch werden am Tag der Währungsreform letzte Auf- oder Abwertungen vorgenommen. Aus jetziger Sicht muß aber mit der Umstellung kein sofortiger Kaufkraftverlust verbunden sein. Betroffen sind selbstverständlich alle Geldvermögen: die (nach dem Stand von Ende 1992) 2377 Milliarden Mark an Geldanlagen bei den Banken und die 938 Milliarden Mark, die bei den Bausparkassen und den Versicherungen liegen. Zusammen mit den Wertpapieren errechnete die Bundesbank für 1992 ein Geldvermögen, das sich allein in Westdeutschland auf 5602 Milliarden Mark belief. Alles wird von der vertrauten Mark auf die ECU umgestellt. Das ist der erste Teil der Reform, die Reform der Recheneinheit.

(2) Geld ist sodann »gesetzliches Zahlungsmittel«. Es muß von jedem Inländer zur Tilgung von Verpflichtungen entgegengenommen werden. Noch sind die DM-Banknoten und (innerhalb bestimmter Höchstgrenzen) die Münzen gesetzliche Zahlungsmittel. Nach dem Tag X wird die ECU gesetzliches Zahlungsmittel auch in Deutschland sein. Ist das etwa keine Währungsreform?

(3) Schließlich sollte Geld idealerweise als Wertaufbewahrungsmittel dienen. Ob es seine Kaufkraft mehr oder weniger schnell verliert, kann nicht vertraglich angeordnet werden. Dies hängt von zu vielen Faktoren ab, eben auch vom Vertrauen der Bürger in die Währung. Daß das Eurogeld ein ebenso gutes Wertaufbewahrungsmittel wie die Mark sein wird, ist eine kühne Annahme. Schließlich sprechen wir hier von einer völlig unerprobten Kunstwährung. Sie wäre das Produkt einer Währungsreform, die anders als 1923 und 1948 zwar keinen kriegsbedingten Geldüberhang beseitigt, die auch die Sparer nicht wie damals über Nacht enteignet, die aber eben doch eine vertraute Geldverfassung mit guter Tradition willkürlich und brutal zerschlägt.

Größtes Mißtrauen ist angebracht. Denn Währungsabwertungen gehören zu den wenigen Maßnahmen, die selbst eine ehrliche Regierung logischerweise nicht vorher ankündigen kann. Dies sind immer Nacht- und Nebelaktionen, die auf ein Wochenende fallen. Es hat auch noch nie eine Regierung gegeben, die die Absicht verkündete, sie wolle inflationieren. Und daß die Bundesregierung behauptet, das Eurogeld werde so stabil wie die Mark sein, ist selbstverständlich. Was soll sie denn sonst sagen?

Fallstricke einer europäischen Währungsreform

Es ist auch keineswegs ausgeschlossen, daß die europäische Währungsreform von der einen oder anderen Regierung doch dazu benutzt wird, die drückende Schuldenlast zu verringern. Zumindest in Rom wird längst darüber nachgedacht, mit der Abschaffung der Lira die Anleihe-Coupons herabzusetzen. Den Gläubigern des italienischen Staates würde damit ein Teil der ihnen zustehenden Zinsen einseitig gestrichen. Daß hinter den Kulissen über derart radikale Maßnahmen diskutiert wird, verriet das Direktoriumsmitglied der Deutschen Bundesbank, Professor Otmar Issing, am 29. April 1992 vor dem Währungsforum '92 in Frankfurt. Issing wörtlich:»In diesem Zusammenhang ist im Anschluß an Maastricht das Problem diskutiert worden, ob nicht die Einführung einer stabilen Europawährung in Ländern mit stärkerer Inflation und dementsprechend hohen Nominalzinsen eine Herabsetzung der Anleihe-Coupons erforderlich mache.«

Vor zwei Irrtümern muß nachdrücklich gewarnt werden: Erstens kann sich der Anleger vor den möglichen Konsequenzen dieser Währungsreform nicht schützen, indem er jetzt schon in die ECU geht. Denn die gegenwärtig angebotene »private« ECU ist eine Korb-Währung. Ihr Kurs errechnet sich aus bestimmten prozentualen Anteilen der einzelnen europäischen Währungen. Diese ECU ist trotz der Namensgleichheit nicht identisch mit der geplanten Eurowährung und wird am Tag der Währungsunion aufhören zu existieren. Die jetzt noch an den Finanzmärkten gehandelte Korb-ECU kann in den kommenden Jahren durchaus noch an Wert gegen die Mark verlieren.

Der zweite Irrtum besteht im Glauben, es werde nach 1999 eine »Parallel-Währungssituation« geben, wie dies der CSU-Europaabgeordnete Friedrich behauptete. Mark und ECU würden eine Zeitlang nebeneinander existieren, und dann könne der deutsche Bürger selbst »nachprüfen«, »ob und daß er eine gleichwertige oder vielleicht sogar bessere Europawährung angeboten bekommt«.

Falsch, völlig falsch. Der Bürger hat dann eben keinerlei Wahlmöglichkeit mehr. Der Vertrag von Maastricht beinhaltet, um dies noch einmal zu wiederholen, die endgültige und unwiderrufliche Abschaffung der Mark als eigenständige Währung im Jahre 1999. DM-Banknoten, die dann noch eine Zeitlang kursieren, sind klinisch tot. Sie haben keinen eigenen Wert mehr. Denn ab 1999 gibt es nur noch eine, für den Geldwert zuständige Europäische Zentralbank und nur noch eine europäische Zins- und Geldmengenpolitik. Mit welchen Aufdrucken die Geldscheine dann umlaufen, ist völlig belanglos. Entweder hat Friedrich keine Ahnung, wovon er spricht, oder er täuscht das Publikum bewußt.

Eine Chance, dem Zwangsgeld zu entgehen, bieten nach 1999 nur noch die Edelmetalle und die Währungen außerhalb des ECU-Raumes. Die Wechselkurse nach außen könnten sehr wichtig werden. Darüber bestimmen laut Vertrag die Regierungen, nicht die Europäische Zentralbank. Mehr noch: nach Artikel 73 f kann der EG-Rat »unter außergewöhnlichen Umständen« auf Vorschlag der EG-Kommission und »nach Anhörung der Europäischen Zentralbank« gegenüber dritten Ländern »Schutzmaßnahmen« mit einer Geltungsdauer von höchstens sechs Monaten treffen.

Artikel 73 f ermöglicht es, den EG-Bürgern die Ausfuhr hres Geldes und damit die Anlage in außereuropäischen Währungen zu untersagen. Und zwar für die Dauer von sechs Monaten, aber dies nicht nur einmal – ein Präventivartikel gegen die Kapitalflucht aus dem einheitlichen Währungsraum. Die Europäer würden zu Gefangenen des Monopolgeldes.

Dem Anleger kann ich nur empfehlen, die Entwicklung der nächsten Jahre mit größter Wachsamkeit zu verfolgen, auf jedes Gefahrensignal zu achten und sein Vermögen rechtzeitig und vorsichtig zu diversifizieren. Dies wird ein Gang durch ein Minenfeld, und dafür gibt es keine Patentrezepte. Der intelligente, nonkonformistische Investor wird immer Möglichkeiten finden, auch in Krisenzeiten finanziell zu überleben. Dazu einige vorläufige Hinweise:

• In den zwanziger und vierziger Jahren hat sich gezeigt, daß Aktien vor und nach Währungsumstellungen extrem volatil sind, daß sie am Ende aber die Geldanlagen mit Abstand schlagen. Wenn sich in den neunziger Jahren die Chance ergibt, deutsche und europäische Industrieaktien billig zu kaufen, sollten Sie zugreifen. Sie werden damit besser als mit Festgeld oder Anleihen abschneiden.

• Üben Sie größte Zurückhaltung gegenüber Festverzinslichen mit langer Laufzeit, bei denen die Gefahr besteht, daß sie 1999 in weiche ECU-Anleihen umgewandelt werden.

• Denken Sie daran, daß eine Lebensversicherung, die Sie jetzt in DM abschließen, möglicherweise nicht mehr in DM ausbezahlt wird. Deswegen: nicht alles auf eine Karte setzen! So lange die Schweiz dem Vertrag von Maastricht nicht beitritt, bietet eine Franken-Versicherung (die direkt in der Schweiz abgeschlossen werden sollte) eine sinnvolle Ergänzung oder Alternative.

• Bausparverträge, die jetzt in DM abgeschlossen, später aber in ECU ausgezahlt werden, sind ebenfalls skeptisch zu beurteilen. Wenn den Bürgern erst einmal bewußt wird, was mit Maastricht auf sie zukommt, könnte der Absatz von Bausparverträgen in Deutschland zurückgehen. Dann kann es kritisch werden, denn die Zuteilung von Bausparverträgen hängt von Neuabschlüssen ab. (Bei der gesetzlichen Rentenversicherung ist der Effekt vergleichbar: die kommende Vergreisung der Bevölkerung muß zu Rentenkürzungen führen.)

• Größere Konten sollten nicht nur in der Deutschen Mark investiert sein. Es ist durchaus vernünftig, das Währungsrisiko aufzuteilen und in andere Währungen zu diversifizieren, sofern sie fundamental nicht schlechter sind als die Mark und gemessen an der Kaufkraftparität eher unterbewertet sind. Im September 1992 boten zum Beispiel dänische Anleihen, als sie mit mehr als 10 % rentierten, eine solche Chance. Ähnliche Gelegenheiten ergeben sich immer wieder einmal.

• Neben Immobilien, die allerdings unter Umständen quasi-enteignet und übermäßig besteuert werden können, kommen die Edelmetalle als Sachwerte in Frage. Sie sind übernational, jederzeit handelbar und tragen zwar ein Preis-, aber kein Bonitätsrisiko. Edelmetalle haben schon immer gegen die Verschlechterung und Entwertung von Papierwährungen Schutz geboten.

Was auch immer Sie tun, handeln Sie nie überstürzt und

unüberlegt. Angst und Panik sind die schlechtesten Ratgeber, auch bei der Verwaltung eines Vermögens. Es wird genug Zeit sein, um zu beobachten, zu planen, Entscheidungen zu treffen.

Vielleicht aber geht der Kelch von Maastricht doch an uns vorüber. Vielleicht wird aus der europäischen Krise, die er provoziert hat, ein besseres Konzept geboren – ein Konzept, das auf der gemeinsamen europäischen Geschichte und Kultur aufbaut; auf der Vielfalt Europas und seinem typischen Individualismus; ein Konzept, das die Kraft der Nationen mobilisiert, nicht auslaugt.

Ein solches Konzept würde sich mit einer pragmatischen und organischen Entwicklung der währungspolitischen Zusammenarbeit bestens vertragen, ohne daß nationale Geldkulturen leichtfertig zertrümmert und durch ein künstliches Monopolgeld ersetzt werden. In Europa, so hat ein britischer Beobachter einmal gesagt, geschieht am Ende nichts, was die Deutschen als größtes Volk nicht wirklich wollen. Solange der Vertrag von Maastricht von der Mehrheit der Deutschen nicht akzeptiert wird, bleibt er ein illegitimes Produkt der Kabinettspolitik. Das letzte Wort wird ohnehin erst 1996 oder noch später gesprochen. Auch mit der Ratifizierung ist das Thema keineswegs vom Tisch, die Europäer haben in den kommenden Jahren durchaus noch die Chance, ihre Kooperation auf eine gesündere Grundlage zu stellen. Vielleicht lernt das weithin unpolitische deutsche Bürgertum doch noch, sich zu artikulieren, selbstbewußt zu argumentieren, Widerstand zu leisten. Nur so kann die demokratische Verfassung von 1949 wieder mit Leben erfüllt werden.

Ein europäischer Staatenbund, der sich gemeinsam verteidigt und seine Interessen in der Welt gemeinsam vertritt – ein Bund der Völker, nicht ein Diktat der Bürokraten – wäre ein Ziel, für das sich zu streiten lohnt. Maastricht wurde in einem intellektuellen und moralischen Schwächeanfall deutscher Politiker geboren, die der neuen Rolle ihres Landes nicht gewachsen waren und immer noch in den Kategorien der Epoche der europäischen Bürgerkriege und der Teilung des Kontinents dachten, die im Wendejahr 1989 unwiderruflich zu Ende ging. In der Krise, von der Deutschland jetzt geschüttelt wird, liegen aber auch Chancen. Wahrscheinlich sind die Kraftreserven dieses Volkes größer, als man gemeinhin annimmt. Wer den Pessimismus jetzt übertreibt, ist kein Realist.

Jedenfalls sind die Institutionen der EG in ihrem derzeitigen Zustand für die Herausforderungen der Zukunft nicht brauchbar, wie Otto von Habsburg zu Recht anmerkte. Auf den Verordnungen der EG-Kommission und dem Kunstgeld ECU läßt sich keine Schicksalsgemeinschaft aufbauen. Die Vision, die der große Franzose und Europäer Charles de Gaulle vor 32 Jahren entwickelte, hat nichts von ihrer Faszination verloren:

»Die Nationen, die sich hier zusammenschließen, verlieren nicht ihre Eigenpersönlichkeit. Und der Weg, den sie einschlagen, wird eine organisierte Zusammenarbeit der Staaten sein, bis eines Tages vielleicht ein mächtiger Staatenbund aus ihnen wird. Frankreich hat die Notwendigkeit erkannt, dieses Europa des Okzidents zu schaffen, das einst der Traum der Weisen und der Ehrgeiz der Mächtigen war und das heute die unentbehrliche Voraussetzung für das Gleichgewicht der Welt darstellt.«

Literatur

Arbeitsgemeinschaft Selbständiger Unternehmer e. V. (Hrsg.), Für ein Europa des Wettbewerbs – Ein ordnungspolitisches Leitbild, Bonn 1993

Roland Baader, Die Euro-Katastrophe – Für Europas Vielfalt, gegen Brüssels Einfalt, Böblingen 1993

Dieter Balkhausen, Gutes Geld & schlechte Politik – Der Report über die Bundesbank, Düsseldorf 1992

Bruno Bandulet, Die Rückseite des Wunders – Deutschland und seine Tabus, München 1990

Deutsche Bundesbank (Hrsg.), Währung und Wirtschaft in Deutschland 1876–1975, Frankfurt 1976

Deutsche Bundesbank, Monatsberichte, Frankfurt

Willy Futterknecht, Das EG-Trugbild – Dokumente und Analysen eines Machtkampfes, Schaffhausen 1992

Wilhelm Hankel, Die sieben Todsünden der Wiedervereinigung – Wege aus dem Wirtschaftsdesaster, Berlin 1993

Rolf-Dieter Krause, Europa auf der Kippe – Vierzehn Argumente gegen den Vertrag von Maastricht, München 1992

Charles P. Kindleberger, A Financial History of Western Europe, London 1984

Landeszentralbank im Freistaat Bayern, Jahresbericht 1992

David Marsh, Die Bundesbank – Geschäfte mit der Macht, München 1992

Wilhelm Nölling, Unser Geld – Der Kampf um die Stabilität der Währungen in Europa, Berlin 1993

Presse- und Informationsamt der Bundesregierung, Die Vertragstexte von Maastricht, Bonn 1992

Hans Roeper, Die D-Mark – Vom Besatzungskind zum Weltstar, Frankfurt 1978

Wilhelm Röpke, Jenseits von Angebot und Nachfrage, Erlenbach – Zürich 1966

Hans Schauer, Europa der Vernunft – Kritische Anmerkungen nach Maastricht, München 1993

Felix Somary, Krise und Zukunft der Demokratie, Zürich 1952

Walter Wannenmacher, Der Beutewert der Deutschen, Frankfurt/Berlin 1973

Die »Euro-Katastrophe« von Baader erschien kurz nach Abschluß dieses Buches und konnte nicht mehr berücksichtigt werden – dies ist eine eindrucksvolle, philosophisch untermauerte Fundamentalkritik der EG aus klassisch-liberaler Sicht. Wer sich genauer über die währungs- und wirtschaftspolitischen Fehler informieren möchte, die im Gefolge der deutschen Einheit gemacht wurden, sollte zu Professor Hankels Buch greifen. Hans Schauer ist wohl der erste Bonner Insider, der eine neue, realistische deutsche Europapolitik konzipiert und fordert. Eine Fülle von Kommentaren und Analysen zum Thema EG findet der interessierte Leser immer wieder in der »Schweizerzeit« (Postfach 23, CH–8416 Flaach).

122

Anhang I

Die Beschlüsse von Maastricht zur Europäischen Wirtschafts- und Währungsunion

Vorgeschichte

Die EG-Staats- und Regierungschefs haben am 9./10. Dezember 1991 in Maastricht den Entwurf eines »Vertrages über die Europäische Union« gebilligt. Der Vertrag wurde am 7. Februar 1992 unterzeichnet und soll – nach Ratifizierung durch alle Mitgliedstaaten gemäß ihren verfassungsrechtlichen Vorschriften – Anfang 1993 in Kraft treten.

Der Unionsvertrag sieht zum einen eine Änderung und Ergänzung der bisherigen Verträge über die Europäischen Gemeinschaften (EWG-, EGKS- und Euratom-Vertrag) vor. Die Gemeinschaft erhält eine Reihe neuer bzw. erweiterter Kompetenzen, aufgrund derer sie unter Beachtung des Subsidiaritätsprinzips tätig wird. Von besonderer Bedeutung sind die Regelungen über die Wirtschafts- und Währungsunion (WWU). Daneben wird die Stellung des Europäischen Parlaments und damit die demokratische Legitimität der Gemeinschaft wesentlich verstärkt. Zum anderen sind als weitere Bereiche der Union eine gemeinsame Außen- und Sicherheitspolitik sowie die Zusammenarbeit auf dem Gebiet der Justiz und der Innenpolitik vorgesehen. Die verschiedenen Bereiche der Union sind durch vorangestellte gemeinsame Bestimmungen sowie durch institutionelle Regelungen miteinander verklammert.

Die Beschlüsse der EG-Staats- und Regierungschefs geben der politischen und wirtschaftlichen Einigung der westeuropäischen Länder neue Impulse. Sie sind vor dem Hintergrund des nunmehr schon 40 Jahre währenden Integrationsprozesses zu sehen, der 1952 mit der Inkraftsetzung des Vertrages über die Europäische Gemeinschaft für Kohle und Stahl (EGKS) begann und 1958 mit den Verträgen über die Europäische Wirtschaftsgemeinschaft (EWG) und die Europäische Atomgemeinschaft (Euratom) sowie 1987 mit der Einheitlichen Europäischen Akte (EEA) fortgesetzt wurde.

Auf der Grundlage dieser Verträge sind im Zeitverlauf in der EG die Zollunion, sektorale Wirtschaftsunionen (Kohle und Stahl, Gemeinsamer Agrarmarkt), gemeinsame Politiken (Handelspolitik, Wettbewerbsregelungen) und eine Zusammenarbeit zwischen EG und Mitgliedstaaten in anderen Politikbereichen entstanden.

Ein erster Anlauf in den Jahren 1971/72, die Volkswirtschaften der EG-Länder schrittweise und über einen längeren Zeitraum zu einer WWU zusammenzufassen, mißlang. Aus dem im April 1972 in Gang gesetzten europäischen Wechselkursverbund (»Schlange«) mußten sich einige Länder, nämlich Italien, Großbritannien und Irland, schon vor dem Ausbruch der ersten Ölkrise wieder zurückziehen, weil sich die Kosten-, Preis- und Nachfrageentwicklung zu weit von der anderer Teilnehmer am Wechselkursverbund entfernt hatte. Später folgten Frankreich und die assoziierten Teilnehmer Schweden und Norwegen. Zahlreiche Wechselkursanpassungen im Verbundsystem zeigten, daß eine Stabilisierung von Wechselkursen als Vorbereitung auf die Errichtung einer WWU nur auf der Grundlage stabilitätsorientierter Politiken und gleichartiger ökonomischer Entwicklungen möglich ist. Letztlich scheiterte das WWU-Projekt an ungelösten Meinungsdifferenzen über die Zielvorstellungen und insbesondere an der unterschiedlichen wirtschaftspolitischen Reaktion der Länder auf die erste Ölkrise sowie an der fehlenden Bereitschaft, sich einem gemeinsamen Stabilitätsziel unterzuordnen.

Neue Impulse erhielt der Einigungsprozeß auf währungspolitischem Gebiet durch die Schaffung des EWS im Jahre 1979. Dieses System unterstützte die im Laufe der achtziger Jahre wachsende Bereitschaft zu stärkerer Konvergenz der Wirtschaftspolitik und ihrer Ergebnisse in den Partnerländern. Dies war zugleich Voraussetzung für das weitere Vorgehen in Richtung Wirtschafts- und Währungsunion. Mit einem Programm zur Vollendung des gemeinsamen Binnenmarktes bis

1993 wird die Marktintegration in der Gemeinschaft auf allen Ebenen verstärkt. Die Einheitliche Europäische Akte von 1987 schuf hierfür die rechtlichen Voraussetzungen. Die Änderung des EWG-Vertrages durch die EEA verpflichtete die Mitgliedstaaten in Art. 102 a zur Zusammenarbeit mit dem Ziel, die für die Weiterentwicklung der Gemeinschaft erforderliche Konvergenz der Wirtschafts- und Währungspolitiken zu sichern. Der gleiche Artikel bestimmt auch, daß erforderlich werdende institutionelle Änderungen im Bereich der Wirtschafts- und Währungspolitik wiederum nur durch eine ratifizierungsbedürftige Änderung des EWG-Vertrages erfolgen können.

Im Juni 1988 beauftragte der Europäische Rat auf seiner Tagung in Hannover eine Arbeitsgruppe unter Vorsitz von Kommissionspräsident Delors, der die EG-Notenbankpräsidenten und weitere kompetente Persönlichkeiten angehörten, die konkreten Etappen zur Verwirklichung dieser Union zu prüfen. Nach Vorlage des Berichts dieser Arbeitsgruppe (Delors-Bericht) beschloß der Europäische Rat Ende Juni 1989, die erste Stufe der Wirtschafts- und Währungsunion am 1. Juli 1990 beginnen zu lassen und eine Regierungskonferenz zur Festlegung der anschließenden Stufen der WWU und Vorbereitung der notwendigen Vertragsänderungen einzuberufen. Ein Jahr später einigte sich der Europäische Rat darauf, eine parallel tagende Regierungskonferenz für eine Politische Union einzuberufen. Diese Konferenzen erarbeiteten im Verlauf des Jahres 1991 die Grundstrukturen des Vertrages über eine Europäische Union. Hinsichtlich der Bestimmungen über die WWU stützte sich die Regierungskonferenz in erheblichem Umfang auf Vorarbeiten des Ausschusses der EG-Notenbankgouverneure. Mit der in Maastricht vereinbarten Weiterentwicklung zu einer Wirtschafts- und Währungsunion verbindet sich die Vision eines auch politisch geeinten Europas. Die neuen Koordinierungsverfahren sowohl auf politischem als auch wirtschaftlichem Gebiet und die Zunahme der Gemeinschaftskompetenzen deuten auf den Zusammenhang zwischen Politischer Union und Wirtschafts- und Währungsunion hin.

Der folgende Beitrag gibt einen Überblick über die wichtigsten Regelungen für die Wirtschafts- und Währungsunion. Sie sollen in einem dreistufigen Prozeß in Kraft gesetzt werden, dessen erste Stufe bereits am 1. Juli 1990 begonnen hat.

Grundlagen der Wirtschafts- und Währungsunion

Ziele und Grundsätze

Der Entwurf des geänderten EWG-Vertrages weist in Art. 2 der Gemeinschaft die Aufgabe zu, durch die Errichtung der WWU »… ein beständiges, nichtinflationäres und umweltverträgliches Wachstum, einen hohen Grad an Konvergenz der Wirtschaftsleistungen, ein hohes Beschäftigungsniveau, ein hohes Maß an sozialem Schutz, die Hebung des Lebensstandards und der Lebensqualität, den wirtschaftlichen und sozialen Zusammenhalt und die Solidarität zwischen den Mitgliedstaaten zu fördern«. Zur Erreichung dieser Ziele sollen die Mitgliedstaaten gem. Art. 3 a ihre Wirtschaftspolitik eng koordinieren und eine einheitliche Geld- und Wechselkurspolitik betreiben, die vorrangig auf das Ziel der Preisstabilität auszurichten ist. Des weiteren wird den Mitgliedstaaten auferlegt, bei den öffentlichen Finanzen Haushaltsdisziplin zu wahren und außenwirtschaftliches Gleichgewicht anzustreben. Die Mitgliedstaaten und die Gemeinschaft haben bei ihren Tätigkeiten den Grundsatz einer vom Wettbewerb geprägten und nach außen offenen Marktwirtschaft zu beachten. Der Kapitalverkehr ist auch gegenüber Drittländern zu liberalisieren.

Einige Gemeinschaftsländer messen darüber hinaus der Zielsetzung besondere Bedeutung bei, den wirtschaftlichen und sozialen Zusammenhalt (»Kohäsion«) und die Solidarität zwischen den Mitgliedstaaten zu fördern. Die Vereinbarungen von Maastricht sehen die Gründung eines »Kohäsionsfonds« als Ergänzung zu den schon bestehenden Strukturfonds (Agrar-, Sozial-, Regionalfond) vor, dessen Einzelheiten einschließlich des Volumens allerdings noch festzulegen sind.

Grundlagen der Wirtschaftspolitik

Die Mitgliedstaaten haben gemäß Art. 103 des EWG-Vertragsentwurfs ihre Wirtschaftspolitik als Angelegenheit von gemeinsamem Interesse zu betrachten und sie im Rat zu koordinieren. Zu diesem Zweck erarbeitet der Rat bereits ab Beginn der zweiten Stufe Grundzüge für die Wirtschaftspolitik, die er nach Beratungen im Europäischen Rat als Empfehlungen an die Mitgliedstaaten weiterleiten kann. Um die wirtschaftspolitische Konvergenz zu fördern und zu sichern, wird das bereits bestehende System der »Multilateralen Überwachung« weiter ausgebaut. So hat der Rat anhand von Kommissionsberichten die wirtschaftliche Entwicklung jedes Mitgliedstaates und der Gemeinschaft sowie die Vereinbarkeit ihrer Wirtschaftspolitiken miteinander zu überwachen und in regelmäßigen Abständen eine Gesamtbewertung zu erstellen. Entspricht die Wirtschaftspolitik eines Landes nicht den vom Rat festgelegten wirtschaftspolitischen Grundzügen, kann er konkrete Empfehlungen an den betreffenden Mitgliedstaat richten und sie gegebenenfalls auch veröffentlichen.

Das Hauptaugenmerk der wirtschaftspolitischen Koordinierungs- und Überwachungstätigkeit ist dabei auf die Haushaltspolitik der Mitgliedstaaten gerichtet. Sie wird im Gegensatz zur Geldpolitik nicht vergemeinschaftet, sondern einem stufenweise strengeren Abstimmungsprozeß unterworfen. Da die wirtschaftliche Stabilität auf die Dauer nicht allein von der Geldpolitik gewährleistet werden kann, müssen im Fiskalbereich zumindest bestimmte gemeinsame Grundsätze beachtet werden. Von besonderem Gewicht ist in diesem Zusammenhang das Verbot der monetären Finanzierung von Haushaltsdefiziten, sei es direkt durch das Europäische System der Zentralbanken (ESZB), sei es auf indirekte Weise durch bevorrechtigten Zugang zu Finanzinstituten (Art. 104 und 104 a), der Haftungsausschluß der Gemeinschaft und der Mitgliedstaaten für die Verbindlichkeiten öffentlicher Haushalte anderer Gemeinschaftsländer (Art. 104 b) sowie die Verpflichtung der Mitgliedstaaten, übermäßige öffentliche Defizite zu vermeiden (Art. 104 c).

Die Kommission hat die Entwicklung der Haushaltslage vor allem anhand von zwei Kriterien zu überwachen: Das geplante oder tatsächliche Defizit aller öffentlichen Haushalte eines Landes soll grundsätzlich nicht mehr als 3 % des Bruttoinlandsprodukts betragen und die öffentliche Gesamtverschuldung (brutto und zu Marktwerten gerechnet) nicht über 60 % des BIP hinausgehen. Darüber liegende Werte lösen ein besonderes Prüfungsverfahren aus, bei dem auch andere einschlägige Faktoren zu berücksichtigen sind. Bei Überschreitung der Richtwerte ist insbesondere zu prüfen, in welcher Richtung sich die genannten Haushaltskennziffern entwickeln und wie rasch sie sich gegebenenfalls den Grenzwerten annähern.

Falls der Rat mit qualifizierter Mehrheit ein exzessives Defizit feststellt, steht ihm eine Reihe abgestufter Instrumente zur Verfügung, die von der dritten Stufe an bis hin zu Sanktionen reichen, um auf die Haushaltspolitik in dem betreffenden Mitgliedstaat einzuwirken. Als Sanktionen werden unter anderem eine Überprüfung der Darlehenspolitik der Europäischen Investitionsbank gegenüber dem betreffenden Mitgliedstaat, die Pflicht zur Hinterlegung einer unverzinslichen Einlage und die Verhängung von Geldbußen in angemessener Höhe in Aussicht genommen.

Grundlagen der Währungspolitik

Die Vertragsbestimmungen zur Währungspolitik sehen für die Endstufe der Wirtschafts- und Währungsunion die Errichtung eines ESZB und die »… unwiderrufliche Festlegung der Wechselkurse im Hinblick auf die Einführung einer einheitlichen Währung, …« (Art. 3 a) vor. Sie weisen von diesem Zeitpunkt an dem ESZB die Aufgabe zu, die Geldpolitik der Gemeinschaft festzulegen und auszuführen. Dabei muß das ESZB sich vorrangig vom Ziel der Sicherung der Preisstabilität leiten lassen. Nur soweit es ohne Beeinträchtigung dieses Ziels möglich ist, hat das ESZB die allgemeine Wirtschaftspolitik in der Gemeinschaft zu unterstützen (Art. 105).

Das ESZB besteht aus einer Europäischen Zentralbank (EZB) und den nationalen Zentralbanken. Seine Beschlußorgane sind gemäß Art. 107 bei der Wahrnehmung ihrer Aufgaben völlig unabhängig. Um eine Zusammenarbeit zwischen den für die Wirtschaftspolitik und den für die Geldpolitik verantwortlichen Stellen herzustellen, ist in Art. 109 b vorgesehen, daß einerseits der EZB-Präsident zu Ministerratstagungen eingeladen wird, soweit dabei ESZB-relevante Fragen behandelt werden, und andererseits der Präsident des Ministerrats und ein Kommissionsmitglied ohne Stimmrecht an den Tagungen des EZB-Rats teilnehmen können. Die detaillierten Bestimmungen über das ESZB und die EZB sind in einer Satzung niedergelegt, die dem Vertragswerk als Protokoll beigefügt ist und damit die gleiche rechtliche Qualität wie der Vertrag selbst hat. Nur ganz bestimmte, eher technische Vorschriften in der Satzung können vom Ministerrat in einem vereinfachten Verfahren (d. h. ohne Ratifizierung durch die Parlamente der Mitgliedstaaten) geändert werden.

Besondere Bedeutung für die Geldpolitik des ESZB haben die vorgesehenen Regelungen zu der in einer WWU verfolgten Wechselkurspolitik gegenüber Drittländern. Es ist weitgehend unstrittig, daß Entscheidungen über das Wechselkurssystem selbst nicht primär Notenbankangelegenheit sind. Die Entwicklung der letzten Jahrzehnte hat jedoch deutlich gemacht, daß das Festhalten an starren Wechselkursregelungen bzw. die Einführung bestimmter neuer Regeln die Geldpolitik gefährden können. Es ist deshalb wichtig, daß der Ministerrat gemäß Art. 109 ein System mit festen Wechselkursen gegenüber Drittwährungen nur einstimmig beschließen kann. Eine dahingehende Empfehlung kann von der EZB oder von der Kommission ausgehen, wobei im letzteren Fall der Rat die EZB in dem Bestreben anzuhören hat, »... zu einem mit dem Ziel der Preisstabilität zu vereinbarenden Konsens zu gelangen.« Nach dem gleichen Verfahren, allerdings mit qualifizierter Mehrheit, kann der Ministerrat vereinbarte Paritäten bzw. Leitkurse der europäischen Währung gegenüber Drittwährungen festlegen, ändern oder aufheben.

Sofern kein System mit festen Wechselkursen gegenüber Drittwährungen besteht, kann der Ministerrat allgemeine Orientierungen für die Wechselkurspolitik gegenüber Drittwährungen aufstellen, die für das ESZB aber nicht bindend sind und das vorrangige Ziel der Preisstabilität nicht gefährden dürfen. Der Vertrag stellt außerdem sicher, daß die EZB auch gehört wird, wenn es um die Vertretung der Gemeinschaft bei internationalen Währungsverhandlungen und die darin einzunehmende Haltung der EG geht. Die in den Vertrag aufgenommenen wechselkurspolitischen Regeln belassen dem ESZB in der täglichen Wechselkurspolitik einen großen Handlungsspielraum und eröffnen ihm Einflußmöglichkeiten in allen wechselkurspolitischen Grundsatzfragen. In dem vorgesehenen Text ist die geldpolitische Handlungsfähigkeit des ESZB auch im Hinblick auf die Wechselkursregelungen daher weitgehend gesichert.

Entwicklungsstufen zur WWU

Ausgangslage in der ersten Stufe

Der Start in die erste WWU-Stufe zur Jahresmitte 1990 fand unter wirtschaftlichen Bedingungen in der Gemeinschaft statt, die sich gegenüber den Vorjahren verschlechtert hatten. So lag die Inflationsrate im EG-Durchschnitt über 5 %, die Haushaltsdefizite betrugen durchschnittlich fast 4 %, die globale Leistungsbilanz der Gemeinschaftsländer war gerade noch ausgeglichen, und das Wirtschaftswachstum belief sich auf knapp unter 3 %. Unbefriedigend war auch die Beschäftigungslage, denn die Arbeitslosenrate erreichte fast 9 %. Hinter dieser globalen Entwicklung verbargen sich zudem erhebliche Unterschiede von Land zu Land; so lagen die Preissteigerungen in drei Ländern zwischen 5 % und 10 % und in zwei weiteren Mitgliedstaaten deutlich über 10 %. Drei Gemeinschaftsländer wiesen Haushaltsdefizite auf, die zwischen 5 % und 10 % des BIP betrugen, und ein weiteres Land lag knapp, ein anderes noch weit darüber. Dies zeigt, daß einige

Mitgliedstaaten noch erhebliche Stabilisierungserfolge vorweisen müssen, bevor sie die Qualifikation zur Teilnahme an der WWU-Endstufe erreicht haben.

Auch im Hinblick auf die Verwirklichung des EG-Binnenmarktprogramms bis Ende 1992 besteht noch ein erheblicher Handlungsbedarf. Zwar hat die Kommission mittlerweile alle dafür vorgesehenen 282 Rechtsakte dem Ministerrat vorgelegt, doch waren davon Ende 1991 erst rund 75 % verabschiedet. Soweit die Umsetzung der Entscheidungen nationale Maßnahmen erfordert, sind die Mitgliedstaaten erheblich im Verzug. Von 136 derartigen Rechtsakten sind erst 49 in allen EG-Ländern in nationales Recht umgesetzt. Angesichts des Rückstandes bei den Ratsbeschlüssen und ihrer zum Teil nur zögerlichen Implementierung durch die Mitgliedstaaten erscheint die rechtzeitige Verwirklichung des Binnenmarktes noch nicht gesichert.

Regelungen für die zweite Stufe

Grundzüge

Die zweite WWU-Stufe, die am 1. Januar 1994 beginnen soll, hat vor allem den Zweck, die wirtschaftliche, fiskalische und monetäre Konvergenz der Mitgliedstaaten auf der Basis größtmöglicher Preisstabilität zu stärken und so die Bedingungen für den Übergang in die Endstufe zu schaffen.

Eine Reihe von Verpflichtungen haben die Mitgliedstaaten bereits bis zum Beginn der zweiten Stufe zu erfüllen. Soweit sie den Stabilitätsanforderungen der WWU noch nicht genügen, haben sie Konvergenzprogramme aufzustellen, durch die vor allem die Preisstabilität verbessert und gesunde öffentliche Finanzen gewährleistet werden sollen. Auch die Liberalisierung des Kapitalverkehrs soll, von gewissen Ausnahmen abgesehen, bis zu diesem Zeitpunkt abgeschlossen sein.

Mit Beginn der zweiten Stufe gilt das Verbot monetärer Finanzierung öffentlicher Defizite. Den nationalen Zentralbanken ist es untersagt, öffentlichen Einrichtungen Überziehungs-

und andere Kreditfazilitäten zur Verfügung zu stellen. Zugleich soll öffentlichen Einrichtungen ein bevorrechtigter Zugang zu den Finanzmärkten verwehrt werden. Außerdem wird eine Haftung für Verbindlichkeiten einzelner Mitgliedstaaten durch die Gemeinschaft oder andere Mitgliedstaaten ausgeschlossen.

In der zweiten Stufe soll die Kommission die Entwicklung der Haushaltslage und die Höhe der öffentlichen Verschuldung der Mitgliedstaaten auf schwerwiegende Fehlentwicklungen hin überwachen. Diese Überprüfung der Haushaltsdisziplin erfolgt schon nach den für die Endstufe festgelegten Kriterien und kann zu Empfehlungen des Rates an ein bestimmtes Mitgliedsland führen, wenn ein übermäßiges Haushaltsdefizit festgestellt wird. Allerdings sind in dieser Phase noch keine Sanktionsmöglichkeiten vorgesehen. Die Verpflichtung der Mitgliedstaaten, vor Eintritt in die WWU-Endstufe – soweit erforderlich – gesetzgeberische Schritte einzuleiten, die zur Unabhängigkeit ihrer Zentralbanken führen, erfordert in einigen EG-Ländern eine weitreichende Abkehr von bisherigen Traditionen.

Gleiches gilt auch für die Abschaffung jeglicher Kreditfazilitäten zugunsten der öffentlichen Hand. Mit der Ratifizierung des Vertrages entfällt ab der zweiten WWU-Stufe die im Bundesbankgesetz jetzt vorgesehene Möglichkeit der Gewährung kurzfristiger Kassenkredite an Bund, Sondervermögen des Bundes und die Länder.

Das Europäische Währungsinstitut

Die Verantwortung für die Geldpolitik verbleibt in der Übergangsphase auf nationaler Ebene. Das 1994 einzurichtende Europäische Währungsinstitut (EWI) übernimmt also noch keine monetären Steuerungsfunktionen. Die Aufgaben des EWI sind denen des derzeitigen EG-Gouverneursausschusses ähnlich. Sie umfassen insbesondere die Stärkung des geldpolitischen Koordinierungsprozesses zwischen den Notenbanken der Mitgliedsländer, die instrumentelle und prozedurale Vorbereitung für die dritte Stufe, die Überwachung des Funktionierens des Europäischen Währungssystems sowie die Erleichterung der ECU-Verwendung und die Überwachung der ECU-Entwicklung. Ferner kann das Institut auf Ersuchen nationaler Zentralbanken als deren »Agent« Währungsreserven halten und verwalten. Allerdings dürfen die Geschäfte mit diesen Reserven die Geld- und Wechselkurspolitik keiner nationalen Währungsbehörde beeinträchtigen. Wenn das Institut das vorrangige Ziel der Geldwertstabilität und die Kohärenz der Geldpolitik als gefährdet ansieht, kann es geld- und wechselkurspolitische Empfehlungen an die Regierung, den Ministerrat und die nationalen Währungsbehörden richten. Vor gesetzgeberischen Maßnahmen im Zuständigkeitsbereich des EWI müssen Ministerrat und Mitgliedstaaten das Institut konsultieren.

Im operationellen und technischen Bereich übernimmt das EWI die Funktionen des Gouverneursausschusses und des Europäischen Fonds für währungspolitische Zusammenarbeit. Beide Einrichtungen werden mit Gründung des EWI aufgelöst. Jährlich einmal erstellt das EWI einen Bericht an den Ministerrat über den Stand der Vorbereitungen für die dritte Stufe der Wirtschafts- und Währungsunion. Der Bericht soll die Fortschritte beurteilen, die auf dem Weg zur notwendigen Konvergenz innerhalb der Gemeinschaft erzielt wurden. Er soll außerdem darlegen, wie weit die für eine einheitliche Geldpolitik in der dritten Stufe erforderliche Anpassung der geldpolitischen Instrumente gediehen und die rechtlichen Voraussetzungen geschaffen sind, denen die Zentralbanken genügen müssen, um in das ESZB einbezogen zu werden. Hierzu zählt vor allem die Herstellung der Unabhängigkeit der nationalen Notenbanken.

Mitglieder des EWI sind die nationalen Zentralbanken der Mitgliedstaaten. Leitungs- und Verwaltungsorgan ist der EWI-Rat. Er besteht aus dem Präsidenten, dem Vizepräsidenten und den Gouverneuren der nationalen Zentralbanken. Der Präsident wird auf Empfehlung des Ausschusses der Gouverneure der Zentralbanken bzw. des EWI-Rates von den Regierungen der Mitgliedstaaten einvernehmlich für eine Amtszeit von drei Jahren ernannt. Der Ministerrat und das Europäische Parlament sind zuvor anzuhören. Der Präsident muß eine in Währungs- oder Bankfragen erfahrene und anerkannte Persönlichkeit sein. Der Vizepräsident wird von den Gouverneuren aus ihrer Mitte ebenfalls für eine Amtszeit von drei Jahren ernannt. Alle Mitglieder des EWI-Rates sind bei der Erfüllung ihrer Aufgaben unabhängig. Der EWI-Rat darf keinerlei Weisungen von Organen oder Institutionen der Gemeinschaft oder von Regierungen der Mitgliedstaaten einholen oder entgegennehmen. Der EWI-Rat tagt mindestens zehnmal jährlich. Jedes Mitglied hat eine Stimme; Entscheidungen werden im Normalfall mit einfacher Mehrheit seiner Mitglieder getroffen. Für eine Reihe von Entscheidungen – insbesondere solche mit Bindungswirkung – ist bei Abstimmungen Einstimmigkeit erforderlich.

Zur Pflege der Zusammenarbeit zwischen den Gemeinschaftsinstitutionen können der Präsident des Ministerrates und ein Kommissionsmitglied an den Tagungen des EWI-Rates teilnehmen, ein Stimmrecht besitzen sie jedoch nicht. In entsprechender Weise wird der Präsident des EWI zu den Tagungen des Ministerrates eingeladen, bei denen Angelegenheiten erörtert werden, die Ziele und Aufgaben des EWI betreffen.

Das Institut soll über eigene Mittel verfügen, die ausreichen, seine Kosten zu decken. Die Mittel sollen aus Beiträgen der nationalen Zentralbanken gemäß dem für die Zeichnung des EZB-Kapitals vorgesehenen Schlüssel aufgebracht werden. Überschüsse werden den Reserven zugeführt bzw. ausgeschüttet, Verluste aus den Reserven bzw. aus Beiträgen der nationalen Zentralbanken gedeckt.

Mit der Errichtung der Europäischen Zentralbank wird das Europäische Währungsinstitut aufgelöst. Alle Forderungen und Verbindlichkeiten des EWI werden zu Beginn der Endstufe der WWU ausgeglichen, alle Vermögenswerte veräußert. Der Erlös aus der Liquidation des Instituts wird an die nationalen Zentralbanken nach dem Kapitalschlüssel der EZB verteilt.

Übergang zur Endstufe

Die Entscheidung über den unwiderruflichen Eintritt in die Endstufe der WWU ist frühestens im Jahre 1996 zu erwarten. Das Verfahren stellt insbesondere auf die Erfüllung der im Vertrag und einem Protokoll dazu niedergelegten Konvergenzbedingungen ab. Es umfaßt mehrere Stufen:

a) Kommission und Europäisches Währungsinstitut erstellen rechtzeitig *vor Ende 1996* Berichte über die Konvergenzfortschritte der einzelnen Mitgliedstaaten, die nach folgenden Kriterien zu beurteilen sind:
  – der Preissteigerungsrate, die niedrig sein soll und um nicht mehr als $1^1/_2$ Prozentpunkte über der Inflationsrate der – höchstens drei – stabilsten Länder liegen darf;
  – dem Haushaltsdefizit, das gemessen an im Vertrag festgelegten Bezugsgrößen nicht »übermäßig« sein darf;
  – der Mitgliedschaft im engen EWS-Band, die zwei Jahre lang ohne größere Spannungen und ohne Abwertung gewesen sein soll;
  – den Zinsabständen gegenüber den – höchstens drei – stabilsten Ländern, die im langfristigen Bereich nicht mehr als 2 Prozentpunkte betragen sollen.
b) Diese Berichte werden dem Rat in der Zusammensetzung der Wirtschafts- und Finanzminister (ECOFIN-Rat) vorgelegt, der mit *qualifizierter*[1] *Mehrheit* bewertet
  – inwieweit *jeder einzelne* Mitgliedstaat die Konvergenzkritierien erfüllt und
  – ob die Konvergenzkriterien für eine *Mehrheit* der Mitgliedstaaten erfüllt sind.
c) Der Rat, in der Zusammensetzung der Staats- und Regierungschefs, *entscheidet* dann bis spätestens 31. Dezember 1996 mit qualifizierter Mehrheit

---

[1] Eine *qualifizierte* Mehrheit bedeutet, daß die Stimmen der Mitglieder mit einem in Art. 148 EWG-Vertrag festgelegten Schlüssel gewogen werden und eine Mindeststimmenzahl von 54 der insgesamt 76 (gewogenen) Stimmen erreicht wird.

- auf der Grundlage der Empfehlungen des ECOFIN-Rates, ob eine *Mehrheit* der Mitgliedstaaten die notwendigen Voraussetzungen erfüllt und
- ob es für die Gemeinschaft zweckmäßig ist, in die dritte Stufe der WWU einzutreten.

Fallen die Entscheidungen hierzu positiv aus, bestimmt dieser Rat den Zeitpunkt für den Beginn der dritten Stufe. Der Eintritt in die Endstufe kommt also zu diesem Termin nur dann zustande, wenn eine Mehrheit der Mitgliedstaaten die Konvergenzbedingungen erfüllt. Mitgliedstaaten, die diese Bedingungen nicht erfüllen, werden als »Mitgliedstaaten, für die eine Ausnahmeregelung gilt« behandelt, auf die bestimmte Vertragsvorschriften nicht anwendbar sind. Großbritannien wird in einem Zusatzprotokoll die Möglichkeit eingeräumt, seinen Eintritt in die WWU-Endstufe von einem ausdrücklichen positiven Votum der britischen Regierung und des britischen Parlaments abhängig zu machen. Dänemark hat sich vorbehalten, seinen Eintritt in die Endstufe von dem Ausgang einer vorherigen Volksabstimmung abhängig zu machen.

d) Sofern bis Ende 1997 der Zeitpunkt für den Beginn der dritten Stufe nicht festgelegt worden ist, beginnt diese am 1. Januar 1999. In diesem Fall wird rechtzeitig vor dem 1. Juli 1998 der oben beschriebene Prüfprozeß wiederholt. Der Rat, in der Zusammensetzung der Staats- und Regierungschefs, bestätigt dann mit qualifizierter Mehrheit die vom ECOFIN-Rat festgelegte Liste der Mitgliedstaaten, die die Konvergenzbedingungen erfüllen. Bei diesem zweiten Entscheidungsverfahren entfällt jedoch das Erfordernis, daß eine *Mehrheit* der Mitgliedstaaten die Konvergenzbedingungen erfüllen muß und der Rat den Eintritt in die dritte Stufe für zweckmäßig erklärt. Die EZB wird dann am 1. Juli 1998, also mit einer Vorlaufzeit von sechs Monaten bis zum endgültigen Beginn der dritten Stufe, errichtet.

Zusätzlich zu dieser Vertragsbestimmung ist als Protokoll zum Vertrag eine Erklärung vorgesehen, die den irreversiblen Charakter des Prozesses, der mit Unterzeichnung des

Vertrages beginnt, unterstreicht. In dieser Erklärung wird insbesondere festgehalten, daß kein Mitgliedstaat den Prozeß, der spätestens am 1. Januar 1999 in die Endstufe führt, behindern soll, und die technischen Vorbereitungen so organisiert werden, daß die Europäische Zentralbank tatsächlich zu diesem Zeitpunkt voll arbeitsfähig sein wird.

Das Europäische System der Zentralbanken

Aufgaben

Hauptaufgaben des ESZB in der Endstufe sind die Festlegung und Ausführung der Geldpolitik der Gemeinschaft, die Durchführung der Devisenmarkttransaktionen, die Haltung und Verwaltung der Währungsreserven sowie die Unterstützung des reibungslosen Funktionierens des Zahlungsverkehrs.

Zur Sicherung einer stabilitätsgerechten Geld- und Kreditversorgung der Gemeinschaft muß das ESZB über ein ausreichendes geldpolitisches Instrumentarium verfügen. In der Satzung sind deshalb alle in der Marktwirtschaft üblichen Notenbankinstrumente, einschließlich der Mindestreserve, aufgeführt. Quantitative Kreditkontrollen, Maßnahmen der Kreditlenkung oder Zinsreglementierung und andere nicht marktkonforme Instrumente sind hingegen ausgeschlossen und wären mit dem Grundsatz offener und wettbewerbsorientierter Märkte unvereinbar. Die EZB und die nationalen Zentralbanken können im übrigen an den Finanzmärkten Offenmarktgeschäfte, Edelmetallgeschäfte und Kreditgeschäfte mit Banken und anderen Marktteilnehmern gegen Sicherheiten tätigen.

Mit dem Übergang zur dritten Stufe geht auch das Noten-Emissionsrecht von den nationalen Zentralbanken faktisch auf den Rat der EZB über. Die EZB und die nationalen Zentralbanken sind zur Ausgabe von Banknoten berechtigt.

Die EZB hat neben den unmittelbaren geldpolitischen Befugnissen die Aufgabe, die notwendigen monetären Statistiken bereitzustellen, sowie wichtige Beratungsfunktionen in verschiedenen Bereichen. So kann sie den Ministerrat und die Kommission sowie die zuständigen Behörden in den Mitgliedstaaten in rechtlichen Fragen der Bankenaufsicht und zur Stabilität des Finanzwesens beraten und von diesen Institutionen konsultiert werden. Der Rat kann durch einstimmigen Beschluß der EZB besondere Aufgaben im Zusammenhang mit der Aufsicht über Kreditinstitute übertragen. Eine beratende Funktion hat die EZB auch bei allen Gesetzesvorhaben der Gemeinschaft oder der Mitgliedstaaten, die ihren Kompetenzbereich berühren.

Dem ESZB ist die Einräumung von Überziehungs- oder anderen Kreditfazilitäten an öffentliche Institutionen untersagt. EZB und nationale Zentralbanken sind befugt, als Fiskalagent für öffentliche Einrichtungen tätig zu werden. Zur Unterstützung des Zahlungsverkehrs kann das ESZB Einrichtungen für Clearing- und Zahlungssysteme innerhalb der Gemeinschaft und im Drittlandsverkehr zur Verfügung stellen.

Unabhängigkeit

Um sein vorrangiges Ziel, die Wahrung der Preisstabilität, effektiv durchsetzen zu können, ist das ESZB in seinen geldpolitischen Entscheidungen von Weisungen der sonstigen Träger der Wirtschaftspolitik auf nationaler wie auch Gemeinschaftsebene unabhängig. Dem funktionalen Aspekt der Unabhängigkeit wird weiter durch das Verbot der monetären Haushaltsfinanzierung Rechnung getragen. Lange Amtszeiten (acht Jahre für die Mitglieder des Direktoriums, ohne die Möglichkeit der Wiederernennung) und restriktive Vorschriften für eine mögliche Amtsenthebung sichern die persönliche Unabhängigkeit der Organmitglieder. Durch weitere Regelungen, zum Beispiel für die Ertragsverteilung oder die Kapitaleinbringung, ist auch die finanzielle Unabhängigkeit der EZB gesichert. Um die Unabhängigkeit des Gesamtsystems zu gewährleisten, müssen die Rechtsgrundlagen der nationalen Notenbanken – soweit notwendig – entsprechend angepaßt werden, damit sie integraler Bestandteil des Systems werden können.

Die Unabhängigkeit des ESZB bedeutet nicht, daß das System jeglicher Kontrolle entzogen sein wird. Zum einen wird das ESZB durch einen ratifizierungsbedürftigen Vertrag errichtet und erhält so einen eindeutigen Gesetzesauftrag. Zum anderen werden die Organmitglieder durch demokratisch legitimierte Institutionen bestellt. Außerdem ist vorgesehen, daß das System dem Europäischen Parlament und seinen Ausschüssen seine Politik darlegen und erläutern kann. Die wichtigste Kontrollinstanz dürfte jedoch – wie das bisher in Deutschland schon der Fall ist – eine aufmerksame Öffentlichkeit darstellen, die die erzielten Stabilitätsergebnisse kritisch würdigen wird.

Organisation

Zentrales Entscheidungsorgan des ESZB ist der Rat der EZB, dem neben den Präsidenten der nationalen Zentralbanken die Mitglieder des EZB-Direktoriums angehören. Solange es »Länder mit Ausnahmeregelung« gibt, sind die Präsidenten der betreffenden Notenbanken nicht Mitglieder dieses Gremiums. Die Ausführung der geldpolitischen Beschlüsse liegt beim Direktorium im Zusammenwirken mit den nationalen Notenbanken. Mit dieser Struktur wird zum einen dem föderativen Aufbau der Gemeinschaft auch im Währungsbereich Rechnung getragen, ohne dabei jedoch die erforderliche Einheitlichkeit der Geldpolitik zu beeinträchtigen. Die zentralisierte Entscheidungsstruktur des Systems garantiert zum anderen die unter stabilitätspolitischen Gesichtspunkten erforderliche Einheitlichkeit der geldpolitischen Willensbildung. Jedes Mitglied des Rates der EZB hat eine Stimme. Lediglich für Beschlüsse über die Kapital- und Reserveneinbringung sowie die Gewinnverteilung ist eine gewichtete Stimmabgabe vorgesehen.

Das Direktorium besteht aus dem Präsidenten, dem Vizepräsidenten und vier weiteren Mitgliedern. Sie werden einvernehmlich von den Regierungschefs der Mitgliedstaaten auf

Empfehlung des Ministerrates für eine einmalige Amtszeit von acht Jahren ernannt. Vor Ernennung sind das Parlament und der EZB-Rat anzuhören.

Solange nicht alle Mitgliedstaaten die Konvergenzkriterien für die Endstufe erfüllen, wird zusätzlich ein »Erweiterter Rat« eingerichtet, in dem der Präsident und Vizepräsident der EZB sowie die Präsidenten aller nationalen Notenbanken Sitz und Stimme haben. Die übrigen Direktoriumsmitglieder der EZB können ohne Stimmrecht teilnehmen. Der Erweiterte Rat bildet das Bindeglied zwischen der EZB und den nationalen Notenbanken von »Ländern mit Ausnahmeregelung.« Er verfügt über keine geldpolitischen Befugnisse, da die Geldpolitik dieser Länder noch in nationaler Hand verbleibt. Dem Erweiterten Rat wird also insbesondere die Aufgabe zufallen, das Funktionieren des weiterbestehenden Wechselkursverbundes mit diesen Ländern zu überwachen und für die geldpolitische Koordinierung zwischen der EZB und den Notenbanken der »Länder mit Ausnahmeregelung« zu sorgen. Daneben trifft er anstelle des EZB-Rates Entscheidungen über einige eher technische Aspekte der EZB.

Finanzvorschriften

Die EZB wird mit einem Anfangskapital von 5 Mrd ECU ausgestattet. Alleinige Zeichner und Inhaber des Kapitals sind die nationalen Zentralbanken. Notenbanken von Ländern, für die eine Ausnahmeregelung gilt, zahlen das von ihnen gezeichnete Kapital nicht sofort ein. Zur anteiligen Deckung der Betriebskosten der EZB kann der Erweiterte Rat jedoch eine Einzahlung in begrenztem Umfang beschließen. Der Schlüssel für die Kapitalzeichnung der einzelnen Notenbanken errechnet sich je zur Hälfte aus den Sozialprodukts- und den Bevölkerungsanteilen der betreffenden Länder an den entsprechenden Werten für die gesamte Gemeinschaft. Er wird alle fünf Jahre anhand vorstehender Kriterien angepaßt. Nach dem gegenwärtigen Stand würde der Anteil der Bundesbank am Kapital der EZB ca. 25 % betragen.

Die Höhe des Kapitalanteils ist für die Verteilung der Gewinne des ESZB von Bedeutung. So werden die aus der geldpolitischen Steuerung resultierenden Einkünfte der nationalen Zentralbanken ebenso wie die nach der Aufstockung der allgemeinen Rücklage verbleibenden Nettogewinne der EZB entsprechend dem Kapitalschlüssel verteilt. Ein Verlust der EZB ist aus den Rücklagen und dem Ertrag des laufenden Jahres abzudecken.

Die nationalen Zentralbanken sollen zunächst Währungsreserven bis zu einem Gesamtbetrag von 50 Mrd ECU auf die EZB übertragen. Um unerwünschte Rückwirkungen auf die Devisenmarktpolitik des ESZB zu vermeiden, können die nationalen Notenbanken in der Endstufe Geschäfte mit den bei ihnen verbleibenden Währungsreserven nur mit Zustimmung des EZB-Rates tätigen. Hiervon ausgenommen sind lediglich die Erfüllung von Verpflichtungen gegenüber internationalen Organisationen sowie Transaktionen innerhalb bestimmter Freigrenzen.

Stellungnahme des Zentralbankrats

Die Maastrichter Beschlüsse der EG-Staats- und Regierungchefs zur Errichtung einer Wirtschafts- und Währungsunion (WWU) im Rahmen des Vertrages über die Europäische Union sind insbesondere für die künftige Geld- und Währungspolitik von weitreichender Bedeutung. Der Zentralbankrat der Deutschen Bundesbank hat dazu folgendes festgestellt:
1. Die Frage, ob eine WWU errichtet werden soll, ist politisch zu entscheiden. Diese Entscheidung liegt in der Kompetenz und Verantwortung von Regierung und Parlament. Im Rahmen ihrer Beratungsaufgabe hat die Bundesbank schon frühzeitig darauf hingewiesen, daß die in einer Währungsunion auf Gemeinschaftsebene betriebene Geld- und Währungspolitik in ihren Wirkungen – insbesondere für den Geldwert – wesentlich von der Wirtschafts- und Finanzpolitik sowie dem Verhalten der Tarifpartner in allen

beteiligten Ländern beeinflußt wird. Sie hat dabei darauf aufmerksam gemacht, daß eine Währungsunion »eine nicht mehr kündbare Solidargemeinschaft (ist), die nach aller Erfahrung für einen dauerhaften Bestand eine weitergehende Bindung in Form einer umfassenden politischen Union benötigt« (Stellungnahme des Zentralbankrates vom September 1990). Die Maastrichter Beschlüsse lassen eine Einigung über die künftige Struktur der angestrebten politischen Union und die erforderliche Parallelität zur Währungsunion noch nicht erkennen. Die weitere Entwicklung im Bereich der politischen Union wird für den dauerhaften Erfolg der Währungsunion von zentraler Bedeutung sein.

2. Aufgrund des gesetzlichen Beratungsauftrages der Bundesbank hat der Zentralbankrat mehrfach zu den anstehenden Verhandlungsthemen Stellung genommen. Auf der Grundlage dieser Stellungnahmen hat sich die Bundesbank intensiv beratend an den Vorbereitungsarbeiten für die Vertragsformulierung beteiligt. Die Empfehlungen der Bundesbank zu allen wichtigen fachlichen Fragen und Problemen sind von der Bundesregierung in die politischen Entscheidungen einbezogen worden. Sie haben sich in wichtigen Punkten im WWU-Vertrag niedergeschlagen.

3. Die vorgesehene institutionelle Ausgestaltung der Endstufe steht weitgehend im Einklang mit den Empfehlungen der Bundesbank. Insbesondere das Statut für das künftige Europäische Zentralbanksystem dürfte die rechtliche Grundlage dafür schaffen, daß die Geld- und Währungspolitik in der Währungsunion stabilitätsorientiert geführt werden kann. Damit bekennen sich alle Vertragspartner ausdrücklich dazu, daß das zu schaffende Zentralbanksystem von politischen Weisungen unabhängig und vorrangig auf Preisniveaustabilität verpflichtet sein muß und daß diese Verpflichtung auch für die externe Währungspolitik gilt. Im Vertrag sind auch Regeln und Überwachungsverfahren vorgesehen, die auf eine stabilitätsgerechte Wirtschafts- und Finanzpolitik in den Mitgliedstaaten hinwirken sollen. Mit dem für den Eintritt in die Endstufe vorgesehenen Ent-

scheidungsverfahren soll sichergestellt werden, daß nur solche Mitgliedsländer voll an der WWU teilnehmen können, die bis dahin ihren Willen und ihre Fähigkeit zu einer dauerhaften Stabilitätspolitik unter Beweis gestellt haben. Für den Erfolg der Stabilitätspolitik in der Währungsunion wird es einerseits entscheidend darauf ankommen, daß sich die Auswahl der Teilnehmer strikt an den Eintrittskriterien orientiert und dabei nur Länder mit nachhaltig niedrigen Inflationsraten zugelassen werden; andererseits wird es wesentlich auf die konsequente Anwendung der vertraglich gesicherten Handlungsmöglichkeiten durch das Europäische Zentralbanksystem ankommen.

4. Die Regelungen für die Übergangsphase sehen – in Übereinstimmung mit den Vorstellungen der Bundesbank – vor, daß die Geldpolitik bis zum Eintritt in die Endstufe der WWU in nationaler Verantwortung bleibt. Die dem Anfang 1994 zu errichtenden Europäischen Währungsinstitut zugewiesenen Hauptaufgaben der verstärkten geldpolitischen Koordinierung und der organisatorischen Vorbereitung der Endstufe sind insoweit begrenzt. Das Institut soll jedoch berechtigt sein, sich von Zentralbanken, die dies wünschen, Währungsreserven übertragen zu lassen; außerdem soll es beauftragt werden, die Verwendung der derzeitigen Korb-ECU zu erleichtern und deren Entwicklung zu überwachen. Aus Sicht der Bundesbank muß sichergestellt werden, daß sich diese Aktivitäten nicht verselbständigen und die Korb-ECU nicht gegenüber den nationalen Währungen privilegiert wird. Andernfalls könnte es – entgegen der im Vertrag vorgesehenen Regelung – zu Konflikten mit der Geldpolitik in den Mitgliedstaaten kommen.

5. Die im Vertrag vorgesehenen Terminvorgaben für den Eintritt in die Übergangsphase (1994) und insbesondere in die Endstufe (spätestens 1999) stellen hohe Anforderungen an die Stabilitätspolitik der Mitgliedstaaten und die auf Gemeinschaftsebene zu treffenden Entscheidungen. Sie erfordern vor allem energische Anstrengungen in den Mitgliedstaaten – auch in der Bundesrepublik selbst –, um die Wirt-

schafts-, Finanz- und Sozialpolitik den Erfordernissen des bereits für 1993 vorgesehenen Binnenmarktes anzupassen und dabei die Konvergenz in der Gemeinschaft nachhaltig in Richtung auf mehr Preisstabilität voranzubringen. Die Geld- und Kreditpolitik allein wäre mit dieser Aufgabe überfordert. Darüber hinaus müssen bald auch in allen Mitgliedstaaten die institutionellen Strukturen und die Rechtsvorschriften so angepaßt werden, daß die Notenbanken bei ihren geldpolitischen Entscheidungen unabhängig sind sowie eine den Erfordernissen der WWU entsprechende Budgetdisziplin gewährleistet wird. Finanzhilfen der Gemeinschaft (z. B. der in Aussicht genommene Kohäsionsfonds) dürfen die Eigenverantwortung der Mitgliedstaaten für die Herstellung stabilitätspolitischer Konvergenz nicht schwächen; sie dürfen auch die ohnedies angespannte Lage der deutschen Staatsfinanzen nicht überlasten.

Für den Gesamterfolg der angestrebten Wirtschafts- und Währungsunion wird es von zentraler Bedeutung sein, daß bei den 1996 bzw. 1998 anstehenden Gemeinschaftsentscheidungen über die Auswahl der für die Teilnahme an der WWU in Frage kommenden Länder allein auf deren stabilitätspolitische Leistungsfähigkeit abgestellt wird. Die Erfüllung der Eintrittskriterien bzw. der Konvergenzbedingungen darf nicht durch die Terminvorgaben eingeschränkt werden.

Quelle:
Monatsberichte der Deutschen Bundesbank, Februar 1992

Zur Weitergeltung der D-Mark und ihrer späteren Ablösung durch eine europäische Einheitswährung

Die Beschlüsse von Maastricht haben insbesondere zur Frage der Weitergeltung der D-Mark und ihrer späteren Ablösung durch eine europäische Einheitswährung eine lebhafte Diskussion in der Öffentlichkeit ausgelöst. Im folgenden werden die Beschlüsse dazu kurz erläutert.

Nach dem in Maastricht verabschiedeten Vertragsentwurf geht mit Beginn der Endstufe der Wirtschafts- und Währungsunion (WWU) – frühestens im Verlauf des Jahres 1997 und spätestens am 1. Januar 1999 – die geldpolitische Verantwortung in denjenigen Ländern, deren Währungen von diesem Zeitpunkt an durch unwiderruflich feste Wechselkurse miteinander verbunden sind, auf das Europäische System der Zentralbanken (ESZB) über. Das ESZB besteht aus der Europäischen Zentralbank (EZB) und den Zentralbanken der Mitgliedsländer der Gemeinschaft. Die EZB soll ein halbes Jahr vor Inkrafttreten der Endstufe errichtet werden, um die notwendigen organisatorischen Vorbereitungen für das Tätigwerden des ESZB zu treffen. An den Beratungen und Beschlüssen zur Geldpolitik des ESZB werden neben dem Direktorium der EZB nur die Gouverneure der in die Endstufe voll integrierten Zentralbanken mit Sitz und Stimme teilnehmen. Bei der Wahrnehmung seiner geldpolitischen Aufgaben wird das ESZB vorrangig dem Ziel der Preisstabilität verpflichtet sein und keinen Weisungen politischer Instanzen der Gemeinschaft oder nationaler Regierungen unterliegen. Die wirtschaftspolitischen Zielsetzungen der Gemeinschaft kann das ESZB nur insoweit unterstützen, wie dies mit seinem vorrangigen Stabilitätsauftrag vereinbar ist.

Die geldpolitische Verantwortung des ESZB und damit sein Stabilitätsauftrag erstreckt sich mit Beginn der Endstufe auch auf die ECU. Sie ist von diesem Zeitpunkt an mit den anderen Teilnehmerwährungen durch feste Umtauschkurse verbunden und verliert damit ihren besonderen Charakter eines

Währungskorbs. Dies kommt auch darin zum Ausdruck, daß der Außenwert der ECU sich nur noch parallel zum Wechselkurs der mit ihr verbundenen Währungen gegenüber Drittwährungen verändern kann. Ungeachtet des zunächst noch weiterbestehenden Nebeneinanders mehrerer Mitgliedswährungen und der ECU entsteht in Europa für die an der Endstufe voll teilnehmenden Länder ein einheitlicher Währungsraum, für den das ESZB die alleinige geldpolitische Verantwortung trägt. So wird es seine Refinanzierungsgeschäfte zu einheitlichen Notenbankzinsen vornehmen und seine sonstigen Notenbankinstrumente zu überall gleichen Bedingungen einsetzen.

Die künftige europäische Einheitswährung – die nach dem Vertragsentwurf ECU heißen soll – tritt erst zu einem noch zu bestimmenden späteren Zeitpunkt in der Endstufe an die Stelle der D-Mark und der anderen Teilnehmerwährungen. Der Umtausch erfolgt dann zu den bereits zu Beginn der Endstufe festgesetzten Umtauschkursen. Mit der Umtauschaktion selbst sind – ganz im Unterschied zu einer Währungsreform – Änderungen im Realwert von Geldforderungen und -verbindlichkeiten, Löhnen, Renten usw. nicht verbunden. Sie werden lediglich zu den jeweiligen Umtauschkursen in die neue Einheitswährung umgerechnet. Erst mit ihrer Einführung als Einheitswährung wird diese zum alleinigen gesetzlichen Zahlungsmittel in denjenigen Ländern, die an der WWU voll teilnehmen.

Die D-Mark bleibt bis zum Eintritt in die Endstufe der WWU voll unter der geldpolitischen Kontrolle und Verantwortung der Deutschen Bundesbank. Diese wird ihrem gesetzlichen Auftrag, den Geldwert der D-Mark stabil zu halten, wie bisher mit allem Nachdruck nachkommen. Auf dieser Grundlage wird die D-Mark auch ihrer Rolle als »europäischer Stabilitätsanker« weiterhin gerecht werden können. In die Endstufe kann die D-Mark nur zusammen mit denjenigen Wäh-rungen eintreten, die am Wechselkursmechanismus des EWS für mindestens zwei Jahre innerhalb des engen Bandes teilgenommen haben, ohne abzuwerten. Mit dieser Einschränkung sind jedoch Leitkursänderungen bis zum Eintritt in die Endstufe auch zwischen Teilnehmerwährungen grundsätzlich noch möglich. Die D-Mark kann somit auch gegenüber der Korb-ECU noch an Wert gewinnen. Der nach dem Vertragsentwurf vorgesehene Ausschluß einer periodischen Revision des ECU-Währungskorbs ändert daran nichts. Durch solche Korbrevisionen wurden bisher von Zeit zu Zeit die Auswirkungen von Leitkursanpassungen im EWS auf die relativen Gewichte einzelner Währungen im ECU-Korb korrigiert. Die Korb-ECU bleibt gegenüber der D-Mark also bis zum Eintritt in die Endstufe der WWU einem Wechselkursrisiko ausgesetzt, das bei einem Renditenvergleich neben einem etwaigen ECU-Zinsvorteil berücksichtigt werden muß. Geldanlagen und andere geldwerte Forderungen in D-Mark, und zwar auch solche, deren Fälligkeit nach der Ablösung der D-Mark durch die Einheitswährung ECU liegt, können so gesehen auch künftig im Vergleich zu anderen Währungen und zur Korb-ECU als sicher gelten.

Quelle:
Monatsberichte der Deutschen Bundesbank, Februar 1992

Anhang II
Zur Umstellung von Mark der DDR auf D-Mark gemäß Staatsvertrag
Basis: Konsolidierte Bilanz des Kreditsystems der DDR per 31. Mai 1990

Aktiva	Mrd M	Um-stellungs-satz	Mrd DM
1. Kredite an inländische Kreditnehmer insgesamt	397,4	–	180,7
davon entfallen auf:			
Staat	60,6	a) 2:1	12,3
darunter:			
Kredite aus Neubewertung der Auslandsverbindlichkeiten	31,2	–	–
Forderungen an den Staat aus der Erstausstattung mit Noten und Münzen 1948	4,9	–	–
Betriebe	231,7	2:1	115,8
Wohnungswesen	102,6	2:1	51,3
Privatpersonen (ohne Wohnungsbaukredite)	2,5	2:1	1,3
2. Auslandsforderungen	45,0	–	36,3
a) RGW-Länder	17,4	–	8,7
b) Westliche Industrie- und Entwicklungsländer	27,6	b)	27,6
3. Beteiligungen	1,1	1:1	1,1
4. Sonstige Aktiva	3,1	2:1	1,5
Zusammen	446,6	–	219,6
Aktivischer Ausgleichsposten	–	–	26,4
Insgesamt	446,6	1,81:1	246,0

1 Eigentlich handelt es sich dabei um eine Verbindlichkeit des Bankensektors gegenüber dem Staat, die man auch unter der Passiv-Position 1 ausweisen könnte. Hier erfolgt der Ausweis im Zusammenhang mit den Auslandsverbindlichkeiten der DDR, weil die Position auch als eine Art »Wertberichtigung« der sonst in M zu niedrig angesetzten Auslandspassiva angesehen werden kann. – **a** Umstellung eines Saldos von 24,5 Mrd M, der sich nach Aufrechnung der Kredite aus Neubewertung von Auslandsverbindlichkeiten (31,2 Mrd M) und Forderungen aus der Erstausstattung mit Noten und Münzen 1948 (4,9 Mrd M) gegen Rückstellung für Richtungskoeffizienten in gleicher Höhe ergibt. – **b** Auslandsforderungen (Aktiv-Position 2 b) und Auslandsverbindlichkeiten (Passiv-Position 2 b) sind hier noch zu Rechnungskursen von Ende 1989 bewertet. Zur endgültigen Umstellung sind die Marktkurse vom 30.6.1990 heranzuziehen. Die ausgewie-

148

Passiva	Mrd M	Umstellungssatz	Mrd DM
1. Einlagen von inländischen Nichtbanken insgesamt	249,9	–	156,6
davon entfallen auf:			
Staat	10,8	2:1	5,4
Betriebe	57,0	c) 2,05:1	27,8
Privatpersonen	182,1	–	123,4
davon:			
Giro- und Sparguthaben der Privaten			
... Deviseninländer	165,6	d) 1,44:1	115,2
... Devisenausländer	2,3	e) 2,05:1	1,1
Lebensversicherung	14,2	2:1	7,1
2. Auslandsverbindlichkeiten	152,5	–	55,6
a) RGW-Länder	1,1	–	0,6
b) Westliche Industrie- und Entwicklungsländer	55,0	b)	55,0
c) Rückstellungen für Richtungskoeffizienten 1)	96,4	f)	–
3. Bargeldumlauf (ohne Kassenbestände der Banken)	13,6	2:1	6,8
4. Akkumulierter Gewinn/Reservefonds/ Haftungsmittel	23,4	1:1	23,4
5. Sonstige Aktiva	7,2	2:1	3,6
Zusammen	446,6	–	246,0
Passivischer Ausgleichsposten	–	–	–
Insgesamt	446,6	1,81:1	246,0

senen Beträge werden dann vermutlich etwas niedriger anzusetzen sein. (Passiv-Position 2 b enthält auch Fremdwährungseinlagen von Inländern). – c Umstellungssatz für ab 1. Januar 1990 entstandene Guthaben von Devisenausländern 3:1, sonst 2:1. – d Umstellungssatz 1:1 für 2 000 M × 3,2 Mio = 6,4 Mrd DM, 4 000 × 10,1 Mio = 40,4 Mrd DM und 6 000 M × 3,0 Mio = 18,0 Mrd DM ergibt zusammen 64,8 Mrd DM; der Rest (100,8 Mrd M) ist 2:1 umgestellt. – e Guthaben per Ende 1989 in Höhe von 2,1 Mrd M sind 2:1 umgestellt, der Rest 3:1. – f Zum Teil aufgerechnet gegen Kredite aus Neubewertung der Auslandsverbindlichkeiten (31,2 Mrd M) und Forderungen aus der Erstausstattung mit Noten und Münzen 1948 (4,9 Mrd M); der rechnerisch verbleibende Betrag (60,1 Mrd M) wurde zur Verminderung des Ausgleichspostens herangezogen.   BBK

149

Anhang III

Die Bedeutung von Nebenhaushalten im Zuge der deutschen Vereinigung

Im Erscheinungsbild des öffentlichen Sektors hat sich durch den deutschen Vereinigungs- und Integrationsprozeß eine Reihe von wichtigen institutionellen Neuerungen und Akzentverschiebungen ergeben. Stark an Gewicht gewonnen haben Neben- oder Sonderhaushalte, die spezielle wirtschafts- und finanzpolitische Aufgaben erfüllen. Der Überblick über die öffentlichen Finanzen ist damit schwieriger geworden. Zwar bedient sich die öffentliche Hand bereits seit langem eines breiten budgetären wie auch außerbudgetären Formenspektrums für ihr Tätigwerden. Mit der Aufgabe, den Aufbau der ostdeutschen Wirtschaft zu fördern und die Erblasten des Sozialismus zu bewältigen, sind aber die Nebenhaushalte in eine neue finanzielle Dimension hineingewachsen. Dies gilt auch für die Inanspruchnahme der Kreditmärkte. Im Umfeld der traditionellen Budgets ist damit ein kompliziertes Finanzgeflecht innerhalb der Staatssphäre entstanden, das wachsende Belastungen des öffentlichen Gesamthaushalts in sich birgt.

Ihre Existenz und Rechtfertigung verdanken die staatlichen beziehungsweise quasi-öffentlichen Stellen außerhalb der Haushalte von Bund, Ländern und Gemeinden in der Regel besonderen Problemlagen. In zeitlicher Abfolge betrachtet, gilt dies für das auf den Marshall-Plan zurückgehende ERP-Sondervermögen und für den 1952 geschaffenen Lastenausgleichsfonds, der als ein vom Bundeshaushalt losgelöstes Sondervermögen zum Ausgleich von kriegsbedingten Vermögensverlusten diente und überwiegend mittels spezieller Abgaben finanziert wurde. Im Jahre 1974 wurde der Ausgleichsfonds zur Sicherung des Steinkohleneinsatzes in der Elektrizitätswirtschaft gegründet, dem zur Subventionierung der deutschen Steinkohle eine parafiskalische Sonderabgabe, der sogenannte Kohlepfennig, zufließt. Im Zuge der deutschen Vereinigung wurden 1990 mit dem Fonds »Deutsche Einheit«, dem Kreditabwicklungsfonds und der Treuhandanstalt drei weitere Einrichtungen für die Erfüllung spezieller öffentlicher Aufgaben geschaffen. Seitdem nahmen überdies die Aktivitäten des ERP-Sondervermögens und der Förderbanken des Bundes sehr stark zu.

Der Kreis der Nebenhaushalte ist entsprechend den spezifischen Zweckbestimmungen recht heterogen zusammengesetzt. Diese Einrichtungen haben jeweils ihren besonderen rechtlichen Status, und sie sind unterschiedlich stark im System der öffentlichen Finanzwirtschaft verankert. Während das ERP-Sondervermögen, der Fonds »Deutsche Einheit« und der Kreditabwicklungsfonds statistisch Bestandteile des öffentlichen Gesamthaushalts bilden, stehen die großen Bundesunternehmen (Bundesbahn, Reichsbahn, Bundespost) ebenso wie die Treuhandanstalt außerhalb der staatlichen Haushalte und werden der Unternehmenssphäre zugeordnet. Ähnliches gilt für einen großen Teil der den Ländern und Gemeinden gehörenden Unternehmen. Obgleich manches für eine solche Betrachtung spricht, verengen derartige Konventionen das gesamtwirtschaftliche Sichtfeld, wenn es letztlich um den Einfluß aller staatlichen und staatlich gelenkten Aktivitäten geht.

Beschränkt man den Blick auf Bund, Länder und Gemeinden, so betrug die Nettokreditaufnahme 1992 zusammengenommen rund 71 Mrd DM. Die diversen Sondervermögen und Nebenhaushalte – einschließlich der großen Förderbanken des Bundes mit ihrem kräftig gestiegenen Refinanzierungsbedarf für verbilligte Kreditprogramme – beanspruchten die Kreditmärkte weitaus stärker als die »Kernhaushalte«, und zwar mit ca. 118 Mrd DM; davon ist nur etwa ein Viertel im öffentlichen Gesamthaushalt in traditioneller Abgrenzung erfaßt. Die Kreditaufnahme aller hier betrachteten, auch der außerbudgetären öffentlichen Stellen belief sich im vergangenen Jahr auf fast 190 Mrd DM (vgl. nebenstehende Tabelle) und entsprach damit etwa 70 % der inländischen Ersparnis. Auch hinsichtlich des ausstehenden Schuldenstandes und der daraus resultierenden Zinsausgaben ergibt sich ein unvollständiges Bild der fiskalischen Gesamtbelastungen, ließe man die finanziellen Verpflichtungen außer acht, die in den nächsten Jahren vor allem mit den geplanten Anschlußlösungen für die ostdeutschen Altschulden auf die Gebietskörperschaften zukommen.

Verschuldung öffentlicher Stellen (Mrd DM)

Kreditnehmer	Marktmäßige Netto-kreditaufnahme				Schuldenstand am Jahresende	
	1989	1990	1991	1992[ts]	1989	1992[ts]
Gebietskörperschaften	25,8	112,2	106,8	103,0	928,8	1 346
allgemeine Haushalte						
Bund	15,4	51,6	30,2	20,3	490,5	611
Länder	7,3	19,2	24,1	34,7	309,9	387
Gemeinden[1]	2,1	4,2	15,1	16,4	121,4	157
Sonderhaushalte						
ERP-Sondervermögen	1,1	2,4	6,9	8,0	7,1	24,5
Fonds »Deutsche Einheit«	.	19,8	30,7	23,8	.	74,5
Kreditabwicklungsfonds	.	[2] 14,9	–0,2	–0,3	.	92
Sonstige	15,7	29,8	67,5	86,6	.	.
Treuhandanstalt	.	4,3	19,9	30,5	.	107
Bundesbahn/Reichsbahn	1,3	4,4	7,3	13,4	44,1	56,5
Bundespost	2,0	4,8	10,3	15,4	66,2	96,5
Förderbanken des Bundes	12,4	16,3	30,0	27,3	.	.

1 Einschl. Zweckverbände. – 2 Neuverschuldung des DDR-Republikhaushalts in der Zeit vom 1. Juli 1990 bis 2. Oktober 1990, die zum 3. Oktober 1990 als Teil der gesamtverschuldung des Republikhaushalts vom Kreditabwicklungsfonds zu übernehmen war.

Deutsche Bundesbank

Sondervermögen im öffentlichen Gesamthaushalt

Zu den »klassischen« Nebenhaushalten im System der öffentlichen Finanzen zählt das ERP-Sondervermögen, das als rechtlich unselbständiges, nicht rechtsfähiges Sondervermögen des Bundes firmiert und vom übrigen Vermögen des Bundes getrennt zu halten ist. Seit Abschluß der Wiederaufbauphase in der alten Bundesrepublik dienen die Fondsmittel der allgemeinen Förderung von Investitionsvorhaben der deutschen Wirtschaft, insbesondere des Mittelstandes. Hierfür stehen verschiedene Darlehensprogramme zur Verfügung, aus denen zinsgünstige und langlaufende Investitionskredite im Wege der Kofinanzierung über die Hauptleihinstitute des Bundes und die jeweilige Hausbank des Endkreditnehmers vergeben werden. Ein Großteil der ERP-Programme wird von der Kreditanstalt für Wiederaufbau (KfW) abgewickelt, die mehrheitlich im Bundesbesitz ist. Die Ausleihungen des Sondervermögens beschränkten sich zunächst auf das ERP-Eigenkapital und auf die ihm zuwachsenden Zinserträge. Ergänzend hierzu hat das ERP-Sondervermögen seit Anfang der sechziger Jahre auch Kredite am Kapitalmarkt aufgenommen; die Konditionen für die hieraus bewilligten Darlehen wurden unter Einsatz eigener Erträge auf die günstigen Vergabesätze für die ERP-Darlehen heruntergeschleust. Gleichwohl blieb

Zur Finanzentwicklung des ERP-Sondervermögens (Mrd DM)

Position	1985	1989	1990	1991	1992	1993[1]
Ausgaben, insgesamt	4,36	5,29	6,98	12,20	13,48	16,44
darunter:						
Darlehensvergabe[2]	3,79	4,87	6,49	11,41	12,20	14,25
Zinsaufwand	0,53	0,41	0,47	0,78	1,27	2,18
Einnahmen, insgesamt	4,26	4,16	4,79	5,54	6,80	6,81
darunter:						
Darlehensrückflüsse	3,04	3,09	3,18	3,51	4,31	4,23
Zinsen aus Darlehen	1,04	0,97	1,09	1,48	2,26	2,41
Netto-Neuverschuldung	0,13	1,09	2,42	6,88	7,98	9,63
Kreditfinanzierungsquote[3]	3,0	20,7	34,7	56,4	59,2	58,6
Nachrichtlich:						
Schuldenstand (am Jahresende)	6,69	7,06	9,49	16,37	24,35	33,98
Darlehensbestand (am Jahresende	19,95	22,74	26,06	33,95	41,83	51,85
Verpflichtungsermächtigungen für Zinszuschüsse des Bundes	–	–	2,04	1,69	2,05	3,58

1 Wirtschaftsplan 1993. – 2 Haushaltsmäßiger Baransatz, der etwas vom Zusagevolumen abweicht. – 3 Marktmäßige Nettokreditaufnahme in % der Gesamtausgaben.

Deutsche Bundesbank

153

das ERP-Sondervermögen lange Zeit ein primär revolvierend eingesetzter Förderfonds.

Mit der deutschen Vereinigung ist indes das Kreditgeschäft des ERP-Sondervermögens, das von Anfang an einen zentralen Baustein der Wirtschaftshilfen für Ostdeutschland bildete, massiv ausgeweitet worden. Der Fonds wandelte sich zu einem neuen »Schuldenhaushalt«. Der jährliche Umfang der ERP-Darlehensprogramme hat sich seit 1989 fast verdreifacht und erreichte 1992 gut 12 Mrd DM. Die Refinanzierung erfolgt seit 1991 überwiegend durch Aufnahme von Kreditmitteln am Markt, während es sich zuvor vor allem um die Wiederausleihungen der regulären Einnahmen des Fonds, nämlich von Zinserträgen und Tilgungsrückflüssen, handelte. Der Wirtschaftsplan für 1993 enthält eine Kreditermächtigung von $9^1/_2$ Mrd DM; dies entspricht bei einem Ausgabenansatz von $16^1/_2$ Mrd DM einer Kreditfinanzierungsquote von fast 60 % (wie sie auch schon 1992 erreicht wurde). Angesichts der starken Expansion des Kreditbedarfs wurde das Refinanzierungsinstrumentarium des Sonderhaushalts erweitert; die Mittelaufnahme ist damit erleichtert und verbilligt worden. Im Mai 1992 wurde erstmals eine Anleihe begeben, nachdem für das ERP-Sondervermögen bis dahin Kredite allein mittels Darlehen gegen Schuldschein beschafft worden waren. Mit der Anfang 1993 in Kraft getretenen Novellierung des ERP-Verwaltungsgesetzes wurde die Kreditaufnahme zudem in Form einer grundsätzlichen Ermächtigung verankert. Außerdem hat der Bund jetzt rechtlich verbindlich eine uneingeschränkte Haftungsgarantie für diesen Nebenhaushalt übernommen. Damit soll – analog zu entsprechenden Regelungen beim Fonds »Deutsche Einheit«, dem Kreditabwicklungsfonds und der Treuhandanstalt – die Akzeptanz von Schuldverschreibungen des ERP-Sondervermögens im In- und Ausland verbessert werden.

Um die durch hohe Kreditaufnahme finanzierten ERP-Darlehen zinsverbilligt weitergeben zu können, muß der Bund dem ERP-Sondervermögen die erforderlichen Mittel zur Verfügung stellen. So hat der Bund in seinem Haushalt (einschl.

Nachtragsentwurf) für 1993 Verpflichtungsermächtigungen für Zinszuschüsse an sein Sondervermögen von 3,6 Mrd DM eingestellt. Einschließlich der Kapitalzuführungen in den Jahren 1990 und 1991 von zusammen 0,9 Mrd DM und der bereits zugesagten Zinshilfen der letzten drei Jahre betragen damit die Bundesleistungen an das ERP-Sondervermögen insgesamt fast $10^1/_2$ Mrd DM.

Mit dem Fonds »Deutsche Einheit« wurde Mitte 1990 ein neues Sondervermögen des Bundes eingerichtet, das – getrennt von der allgemeinen Haushaltswirtschaft der westdeutschen Gebietskörperschaften – einen wesentlichen Finanzierungsbeitrag zum wirtschaftlichen Aufbau Ostdeutschlands leistet. Es dient seit der Vereinigung – gleichsam als Surrogat und Zwischenlösung für die 1995 erforderliche Neuregelung der gesamtdeutschen Finanzausgleichsbeziehungen – der Stärkung der allgemeinen Einnahmenbasis der ostdeutschen Gebietskörperschaften durch nicht zweckgebundene Zuweisungen. Nachdem der Bund auf den ihm laut Einigungsvertrg zustehenden Anteil von 15 % der Fondsleistungen zur Erfüllung zentraler öffentlicher Aufgaben in Ostdeutschland verzichtet hat,[1] fließen den neuen Ländern seit 1991 die gesamten Finanzhilfen im Verhältnis ihrer Einwohnerzahlen zu. Die Empfängerländer leiten ihrerseits 40 % der erhaltenen Transferzahlungen an ihre Gemeinden und Gemeindeverbände weiter.

Ursprünglich war der Fonds mit einem Leistungsrahmen für die Jahre 1990 bis 1994 von insgesamt 115 Mrd DM ausgestattet. Die Zuweisungsbeträge waren dabei ab 1992 stark degressiv gestaffelt, und zwar in der Erwartung einer rasch steigenden Wirtschafts- und Steuerkraft in den neuen Bundesländern. Da diese Hoffnung trog, erwies sich die ursprüngliche Konstruktion als nicht tragfähig. In einem ersten Schritt wurde im Frühjahr 1992 das Fondsvolumen für den Zeitraum von 1992 bis 1994 um insgesamt 31,3 Mrd DM aufgestockt, die Gesamtleistungen erhöhten sich damit auf 146,3 Mrd DM.

---

[1] Für die ostdeutschen Gebietskörperschaften ergeben sich daraus Mehreinnahmen für den Zeitraum 1991 bis 1994 von fast 14 Mrd DM.

Zur Finanzierung des Fonds »Deutsche Einheit« (Mrd DM)

| Jahr/Zeitraum | Gesamt-lei-stung[1] | Finanzierung[2] | | | | | Abdeckung des Schuldendienstes (Annuität von 10 %) | | | |
| | | Haushaltsmittel von Bund und Ländern | | | | Kredit-auf-nahme | | zu Lasten von | | |
		zu-sammen	Einsparungen von Kosten der deutschen Teilung	Erträge aus MwSt-Erhö-hung 1993	Son-stige[3]		zu-sammen	Bund[4]	Länder[5] (West-deutsch-land)	Gemein-den[6] (West-deutsch-land)
1990	22,0	2,0	2,0	–	–	20,0	–	–	–	–
1991	35,0	4,0	4,0	–	–	31,0	2,0	1,00	0,60	0,40
1992	33,9	9,9	4,0	–	5,9	24,0	5,1	2,55	1,53	1,02
1993	35,2	20,2	5,0	10,5	4,7	15,0	7,5	3,75	2,25	1,50
1994	34,6	29,6	5,0	12,9	11,7	5,0	9,0	4,50	2,70	1,80
ab 1995	–	–	–	–	–	–	9,5	2,65	4,11	2,74
1990 bis 1994	160,7	65,7	20,0	23,4	22,3	95,0	23,6	11,80	7,08	4,72

1 Ohne Kreditbeschaffungskosten, Zinszahlungen, Zuführungen an Tilgungsrücklage. – **2** Ohne Zinsen aus der Zwischenanlage sowie ohne Zuschüsse zur Abdeckung der Schuldendienstverpflichtungen und der Kreditbeschaffungskosten und Entnahmen aus der Tilgungsrücklage. – **3** Einschl. Zuweisungen aus dem erwarteten Mehraufkommen im Zusammenhang mit dem Zinsabschlaggesetz und der sonstigen Zahlungen gemäß den Vereinbarungen zum Solidarpakt. – **4** Nach Abzug der Ländererstattungen an den Bund. Ohne Bundeszuschuß zur Finanzierung der Kreditbeschaffungskosten. – **5** Nach Abzug der von den Gemeinden zu erbringenden Finanzleistungen zugunsten der Länder. – **6** Finanzbeteiligung bundesdurchschnittlich rd. 40 % der Ländererstattungen an den Bund.

Deutsche Bundesbank

Neben zusätzlichen Haushaltsmitteln des Bundes, die für 1992 zum Teil durch Umlenkung der auslaufenden Strukturhilfe für die alten Länder aufgebracht wurden, schlägt vor allem zu Buche, daß die Umsatzsteuer Anfang 1993 heraufgesetzt wurde und die aus der Steuererhöhung erwarteten Erträge in vollem Umfang dem Fonds zufließen.

Im Rahmen des Föderalen Konsolidierungsprogramms einigten sich im März 1993 der Bund und die Länder auf weitere Zahlungen aus ihren Etats an den Fonds im Umfang von 14,4 Mrd DM, wobei vor allem die bislang geplanten Fondsleistungen für das Jahr 1994 von knapp 24 Mrd DM um fast die Hälfte heraufgesetzt werden. Damit können die Auszahlungen bis 1994 auf eine Größenordnung von jährlich etwa 35 Mrd DM stabilisiert werden; ursprünglich war für 1994 nur noch ein Betrag von 10 Mrd DM vorgesehen.

In Höhe von 95 Mrd DM wird das Fondsvolumen durch Kreditaufnahme aufgebracht, und zwar mit sinkenden Beträgen ab 1992. Mit Rücksicht auf das Erfordernis, die gesamtstaatliche Neuverschuldung mittelfristig wieder zurückzuführen, wurde dieser Kreditrahmen bei der mehrmaligen Aufstockung des Fonds nicht ausgeweitet. Allerdings minderte die zunächst hohe Kreditfinanzierung den finanzpolitischen Anpassungsdruck, zumal sie nicht unmittelbar in den Haushalten von Bund, Ländern und Gemeinden erscheint.

Ab 1995 werden die Transferzahlungen des Fonds durch einen neuen, in den Gesprächen über das Föderale Konsolidierungsprogramm grundsätzlich vereinbarten bundesstaatlichen Finanzausgleich abgelöst. An Ausgaben sind ab 1995 Leistungen für Zinsen und Tilgungen von jährlich 9,5 Mrd DM (Annuität von 10 % auf den Schuldenstand von 95 Mrd DM) zu erbringen, die zu Lasten des Bundes, der westdeutschen Länder und ihrer Gemeinden gehen.[2] Die Tilgung der Fonds-

² Nach der bisherigen Regelung tragen der Bund 50 %, die alten Bundesländer 30 % und deren Gemeinden 20 % des Schuldendienstes. Der Kompromiß über den Finanzausgleich beinhaltet, daß ab 1995 der Beitrag des Bundes um gut 2 Mrd DM ermäßigt und derjenige der alten Länder mit ihren Gemeinden entsprechend erhöht wird.

schulden wird sich über einen Zeitraum von etwa zwei Jahrzehnten erstrecken, wobei die Dauer um so länger ausfällt, je höher die Durchschnittsverzinsung der Kredite ist und je stärker damit der Zinsaufwand in der Annuität zu Buche schlägt.

Zur Regulierung der Verpflichtungen des ehemaligen DDR-Republikhaushalts[3] und der im Zusammenhang mit der Währungsumstellung entstandenen Verbindlichkeiten des Staates griff der Gesetzgeber ebenfalls auf eine Fondslösung mit Interimscharakter zurück, und zwar in Gestalt des seit dem 3. Oktober 1990 bestehenden Kreditabwicklungsfonds. Aus heutiger Sicht läßt sich der hier zusammengefaßte Teil der sozialistischen Hinterlassenschaft auf eine Größenordnung von etwa 140 Mrd DM veranschlagen.

Mit schätzungsweise 110 Mrd DM kommt dabei den Verbindlichkeiten des Kreditabwicklungsfonds gegenüber dem Ausgleichsfonds Währungsumstellung das mit Abstand größte Gewicht zu.[4] Etwa 30 Mrd DM hiervon sind auf die asymmetrische Währungsumstellung zum 1. Juli 1990 zurückzuführen. Hierbei war vor allem von Bedeutung, daß für einen Teil der Guthaben von Privatpersonen der günstigere Umstellungssatz von 1:1 galt, während seinerzeit die Bankkredite im Verhältnis 2:1 umzustellen waren. Die hierdurch hervorgerufene Bilanzlücke im ostdeutschen Bankensystem wurde durch sogenannte Ausgleichsforderungen der Kreditinstitute an den Ausgleichsfonds Währungsumstellung geschlossen[5], die ab 1. Juli 1990 marktmäßig zu verzinsen (3-Monats-Fibor) und vom 1. Juli 1995 an sukzessive innerhalb von 40 Jahren zu tilgen sind. Der noch von der DDR zwecks Durchführung der Währungsunion als Anstalt des öffentlichen Rechts eingerichtete Ausgleichsfonds, der über keine originären Einnahmen

---

[3] Für die Altschulden der zuvor volkseigenen Treuhandunternehmen der ehemals volkseigenen bzw. genossenschaftlichen Wohnungswirtschaft und der kollektivierten Landwirtschaft sind jeweils spezifische Lösungen außerhalb des Kreditabwicklungsfonds geschaffen worden.

[4] Die exakte Höhe wird erst nach Prüfung der Bilanzabschlüsse 1994 festzustellen sein.

[5] Soweit Kreditinstitute aus der Währungsumstellung einen Gewinn erzielt haben, werden ihnen verzinsliche Ausgleichsverbindlichkeiten auferlegt.

men oder entsprechende Aktiva verfügt, erwarb seinerseits zur Verlustabdeckung eine damit korrespondierende verzinsliche Forderung gegenüber dem Republikhaushalt der DDR. In dieses Schuldverhältnis ist dann zum Zeitpunkt der Wiedervereinigung der Kreditabwicklungsfonds eingetreten. Gleiches trifft auch für den noch größeren Block an Ausgleichsforderungen zu, die rund 600 Geldinstituten (und Außenhandelsbetrieben) in Ostdeutschland zuzuteilen sind, um notwendige Wertberichtigungen auf uneinbringliche »Altkredite« an nicht sanierungsfähige DDR-Betriebe zu kompensieren und ihr Eigenkapital auf mindestens 4 % der Bilanzsumme aufzustocken.[6] Bis Ende 1992 hat das Bundesauf-

Zur Finanzentwicklung des Kreditabwicklungsfonds (Mrd DM)

Position 1993[1]	1990	1991	1992	
Haushaltstransaktionen				
Zuweisungen vom Bund	–	1,1	7,6	6,5
Zuweisungen der Treuhandanstalt	–	1,1	7,6	6,5
Sonstige Einnahmen	–	0,0	0,6	0,0
Einnahmen, zusammen	–	2,3	15,9	12,9
Zinsausgaben	0,6	1,7	15,3	12,9
Sonstige Ausgaben	0,0	0,0	0,1	0,5
Ausgaben, zusammen	0,6	1,7	15,4	13,4
Finanzierungssaldo	−0,6	+0,6	+0,5	−0,5
Verschuldung Schulden des DDR-Staatshaushalts	27,6	27,5	27,2	.
Verbindlichkeiten gegenüber dem Ausgleichsfonds Währungsumstellung[P]	–	–	64,6	.
Zusammen	27,6	27,5	91,7	.
davon: Unverzinsliche Schatzanweisungen	18,8	14,8	11,9	.
Schuldscheindarlehen	8,8	12,7	15,3	.
Sonstige Schulden	–	–	64,6	.

1 Planansätze

---

6 Damit sollte gleichzeitig sichergestellt werden, daß das bankaufsichtsrechtlich vorgeschriebene Verhältnis zwischen gewichteten Risikoaktiva und dem Eigenkapital höchstens das Dreizehnfache beträgt.

sichtsamt für das Kreditwesen, dem die Aufgabe der Feststellung von Ausgleichsansprüchen übertragen worden ist, insgesamt Ausgleichsforderungen von rund 65 Mrd DM zugeteilt. Diese Ansprüche können – ebenso wie vorab zugeteilte Ausgleichsforderungen – von den Kreditinstituten in Inhaber-Schuldverschreibungen umgewandelt werden. Ende 1992 waren bereits 50 Mrd DM eingetauscht. Diese Titel sind geeignet für Wertpapiergeschäfte mit der Bundesbank. Weitere Verpflichtungen des Kreditabwicklungsfonds ergaben sich aus der Übernahme der bis zum 3. Oktober 1990 aufgelaufenen Verschuldung des Haushalts der DDR im Betrage von rund 28 Mrd DM. In ihrer Höhe noch nicht bezifferbar sind jene Belastungen, die dem »Altschuldenfonds« aus der Abwicklung von Forderungen und Verbindlichkeiten im Rahmen des Außenhandels- und Valutamonopols der ehemaligen DDR erwachsen. Zwar wies die ehemalige DDR zum Jahresende 1990 – rein statistisch betrachtet – eine Netto-Vermögensposition gegenüber dem Ausland von rund 18 Mrd DM auf. Ein Großteil der dahinter stehenden Forderungen von insgesamt 27 Mrd DM lautete indes auf Transferrubel gegenüber den ehemaligen RGW-Staaten, die mit dem im Einigungsvertrag festgelegten Umtauschkurs von 1 TR = 2,34 DM umgerechnet wurden. Die Werthaltigkeit dieser weitgehend unverzinslichen Aktiva ist noch nicht hinreichend abzuschätzen.[7] Mit der Russischen Föderation, dem größten Schuldner, wurde im Dezember 1992 ein auf acht Jahre befristetes »Stillhalteabkommen« vereinbart. Erst danach sind die Verhandlungen wieder aufzunehmen.

Der Wirtschaftsplan des Kreditabwicklungsfonds weist für 1993 ein Haushaltsvolumen (ohne Ausgaben zur Schuldentilgung) von 13$^1/_2$ Mrd DM aus, das weit überwiegend aus Zinsleistungen auf Altschulden besteht. Diese werden je zur Hälfte vom Bund und von der Treuhandanstalt erstattet, so daß per Saldo nur ein geringes Finanzierungsdefizit von etwa

---

[7] Die Gegenwerte sind größtenteils von der im Bundeseigentum befindlichen Staatsbank Berlin am deutschen Kapitalmarkt zu refinanzieren.

$^1/_2$ Mrd DM verbleibt. Die Kredittransaktionen des Fonds konzentrieren sich damit weiterhin auf die Refinanzierung fälliger Altschulden (von rund 12$^1/_2$ Mrd DM in diesem Jahr). Der Fonds selbst war von vornherein als Übergangslösung mit einer Laufzeit von rund drei Jahren angelegt. Nach den Vereinbarungen zum Föderalen Konsolidierungsprogramm wird er nun bis Ende 1994 fortgeführt; im Anschluß daran soll er in einen neuen Erblastentilgungsfonds übergeleitet werden. Abweichend vom ursprünglichen Konzept im Einigungsvertrag übernimmt der Bund zur Entlastung der neuen Bundesländer voll die damit verbundenen Kosten der Altschuldenregulierung.

Treuhandanstalt

Zu den Nebenhaushalten im weiteren Sinne kann die Treuhandanstalt gerechnet werden, obgleich sie in formaler Betrachtung dem Unternehmensbereich zugeordnet wird. Seit der Vereinigung als eine rechtsfähige bundesunmittelbare Anstalt des öffentlichen Rechts geführt, kommt ihr bei der Transformation der ostdeutschen Wirtschaft von einer vormals sozialistischen Planwirtschaft in die Soziale Marktwirtschaft eine Schlüsselrolle zu. Der gesetzliche Generalauftrag der Treuhandanstalt besteht vor allem darin, die zuvor volkseigenen Betriebe wettbewerblich zu strukturieren und zu privatisieren. Das hohe Maß an wirtschaftspolitischer Verantwortung, das sie damit trägt, wird daran erkennbar, daß in der ehemaligen DDR die wirtschaftliche Tätigkeit zu über 90 % über vom Staat gelenkte Betriebe erfolgte und die Treuhandanstalt nach Entflechtung der Kombinate allein im gewerblichen Bereich einen Ausgangsbestand von etwa 12 000 Unternehmen beziehungsweise Unternehmensteilen in ihrer Obhut hatte. Die enge Verbindung zum öffentlichen Sektor zeigt sich besonders darin, daß der Bund letztlich für die finanziellen Netto-Belastungen aus der Geschäftstätigkeit der Treuhandanstalt aufkommt, für deren Kreditverpflichtungen er eine gesetzlich garantierte Haftung übernommen hat. Außerdem fließen in die Entscheidungsfindung der Treuhandanstalt in enger Abstimmung mit den Beteiligten regional- und strukturpolitische Belange ein. Die Treuhandanstalt, deren Beteiligungen als mittelbare Beteiligungen des Bundes gelten, steht unter Fach- und Rechtsaufsicht des Bundesministeriums der Finanzen.

Entgegen den ursprünglichen Erwartungen bei Unterzeichnung des Einigungsvertrages werden die Schulden der Treuhandanstalt nach Beendigung ihrer Hauptaufgaben Ende 1994 weit höher sein als die Vermögenswerte. Wie gering die Ertragskraft des »volkseigenen« Produktionsvermögens beim Eintritt in die Währungs-, Wirtschafts- und Sozialunion tatsächlich zu veranschlagen war, wie schwer daher die finanzielle Erblast der ehemaligen DDR-Wirtschaft wiegt, geht aus der DM-Eröffnungsbilanz der Treuhandanstalt hervor. Danach wurde zwar der Treuhand ein Brutto-Vermögen im Gesamtwert von rund 114 Mrd DM übertragen. Das entspricht im wesentlichen dem Ansatz für das Eigenkapital der auf die Treuhandanstalt übertragenen ehemaligen »volkseigenen« Betriebe (ohne die Wohnungswirtschaft) sowie dem Wert des verwalteten land- und forstwirtschaftlich genutzten Bodens. Dem stehen aber ungleich höhere Verbindlichkeiten und Rückstellungen gegenüber, so daß sich im Saldo ein bilanzieller Fehlbetrag zum 1. Juli 1990 von rund 210 Mrd DM ergibt. Außerdem sind noch voraussichtlich anfallende (nicht passivierbare) Aufwendungen der Treuhandanstalt in Rechnung zu stellen.

Die gesamten finanziellen Lasten aus den Transaktionen der Treuhandanstalt werden neuerdings auf etwa 275 Mrd DM geschätzt. Knapp die Hälfte hiervon entfällt auf die Neuverschuldung zur »Restfinanzierung« der laufenden Aufgaben. Hierfür ist bis Ende 1994 ein Kreditrahmen von 115 Mrd DM vorgesehen. Für die Jahre 1992 bis 1994 enthält das Treuhandkreditaufnahmegesetz jeweils Plafonds von 30 Mrd DM. Im Solidarpakt wurde vereinbart, daß zur Beseitigung ökologischer Altlasten sowie zur Sicherung und Erneuerung indu-

Hauptposten der DM-Eröffnungsbilanz der Treuhandanstalt zum 1. Juli 1990* (Mrd DM)

Aktiva		Passiva	
I. Übertragenes Vermögen		I. Rückstellungen für:	
1. Anteilsbesitz1)	78,9	1. Neustrukturierung des Anteilsbesitzes	215,3
2. Bergwerkseigentum	1,4	2. Übertragungs- und Entschädigungsansprüche	13,0
3. Land- und Forstwirtschaftliches Vermögen	16,1	3. Wertausgleichsverpflichtungen	15,0
4. Übriges Sachvermögen	5,8	4. Zinsverpflichtungen für den Kreditabwicklungsfonds	17,5
5. Forderungen gegenüber THA-Unternehmen	11,8	5. Sonstiges	6,5
II. Sonstiges Vermögen		II. Verbindlichkeiten	
1. Anlagevermögen	0	1. gegenüber Kreditinstituten	38,9
2. Umlaufvermögen	0,3	2. gegenüber THA-Unternehmen	16,4
		3. aus Lieferungen und Leistungen	0
III. Fehlbetrag	209,3		
Summe	323,5	Summe	323,5

* Ohne treuhänderisch verwaltetes Vermögen. – **1** Abzüglich Anteile in Fremdbesitz.

Deutsche Bundesbank

strieller Kerne zusätzliche Anstrengungen unternommen werden sollen; mit dieser Zielsetzung wird der Kreditrahmen erweitert. Hierbei kann von der Regelung im Treuhandkreditaufnahmegesetz Gebrauch gemacht werden, nach der bei unabweisbarem Mehrbedarf eine Überschreitung des jährlichen Kreditrahmens um bis zu 8 Mrd DM zulässig ist. Zur Neuverschuldung kommt hinzu, daß die Treuhandanstalt Altschulden und Ausgleichsforderungen im Zuge der Privatisierung beziehungsweise der Sanierung von Unternehmen von ca. 90 Mrd DM übernimmt. Auch entstehen aus der Verlängerung des Kreditabwicklungsfonds zusätzliche Ausgaben für Zinsen von 6 Mrd DM. Schließlich sind in der oben genannten Summe auch noch eventuelle Belastungen in der Zeit nach 1994 einkalkuliert.

Der hohe Kreditbedarf der Treuhandanstalt resuliert zum einen aus dem großen Mitteleinsatz im operativen Kerngeschäft. Neben Aufwendungen im Zusammenhang mit der Stilllegung oder Veräußerung von Unternehmen gehören hierzu Leistungen für die Sanierung und Umstrukturierung unterschiedlicher Art (zum Beispiel Investitionshilfen, Gewährung von Gesellschafterdarlehen, Zuschüsse zu Sozialplanregelungen, Verlustausgleich). Darüber hinaus hat die Treuhandanstalt umfangreiche Zinsverpflichtungen zu bedienen. Diese resultieren vor allem aus gesetzlichen Vorgaben. So waren bis Ende 1992 gemäß dem 1990 beschlossenen Schuldendienstmoratorium allein für gestundete oder übernommene Altkredite rund 19 Mrd DM aufzubringen. Hinzu kamen Zinserstattungen an den Kreditabwicklungsfonds und Zahlungen für die eigene Kreditaufnahme von zusammen etwa 12 Mrd DM. Trotz des hohen Privatisierungstempos konnte nur ein relativ kleiner Teil der gesamten Ausgaben über die Verkaufserlöse abgedeckt werden. Neben dem geringen Ertragswert der veräußerten Unternehmen ist hierbei zu berücksichtigen, daß sich im vereinbarten Verkaufspreis auch die übrigen Vertragsabsprachen (Investitions- und Beschäftigungszusagen, Behandlung ökologischer Altlasten, Altschuldenregelung etc.) widerspiegeln.

Unter den gegebenen Bedingungen mußte die Treuhandanstalt bislang im Durchschnitt mehr als 70 % ihrer Ausgaben auf dem Kreditwege finanzieren (siehe Tabelle auf S. 167). Mit rund 30 Mrd DM war die Netto-Neuverschuldung im Jahre 1992 um etwa 11 Mrd DM höher als bei den ostdeutschen Gebietskörperschaften insgesamt gesehen. Im Jahre 1993 könnte die Kreditaufnahme bis auf 38 Mrd DM steigen. Um die Finanzierungsbedingungen zu verbessern, hat der Gesetzgeber Anfang Juli 1992 beschlosen, neben einer formalen Gewährträgerhaftung des Bundes auch die rechtlichen Voraussetzungen für die Börsenfähigkeit der Treuhandanstalt zu schaffen.[8] Seither hat die Wertpapierverschuldung an Bedeutung gewonnen, und mit der stärkeren Nutzung der längerfristigen Marktsegmente kommt die Treuhandanstalt in den Genuß günstigerer Zinskonditionen.

Geplante neue Sondervermögen

Die bis Ende 1994 aufgelaufene Verschuldung des Kreditabwicklungsfonds und der Treuhandanstalt soll von einem Erblastentilgungsfonds übernommen werden, der die Form eines nicht rechtsfähigen Sondervermögens des Bundes erhält. Nach jetzigem Kenntnisstand werden diesem Fonds Verbindlichkeiten in einer Größenordnung von etwa 370 Mrd DM übertragen.[9] Hinzu kommen Belastungen aus der Regelung der Altschuldenfrage für die kommunalen und genossenschaftlichen Wohnungsunternehmen sowie für private Vermieter in Ostdeutschland. Nach Ablauf des bis Ende 1993 befristeten Schuldendienstmoratoriums für den kommunalen und genossenschaftlichen Wohnungsbereich dürfte der hier-

---

[8] Die Emissionen der Treuhandanstalt werden in den amtlichen Handel an allen deutschen Wertpapierbörsen eingeführt. Die Schuldverschreibungen sind im Hinblick auf Börsenzulassung und Prospektpflicht den Titeln des Bundes gleichgestellt.

[9] Nach 1994 noch entstehende weitere Belastungen aus der Fortführung der übrigen Aufgaben der Treuhandanstalt sind unmittelbar vom Bundeshaushalt zu tragen.

Verschuldung der Treuhandanstalt (Mrd DM)

Zeit	Marktmäßige Nettokreditaufnahme[1]	davon:			Schuldenstand am Ende des jeweiligen Zeitraums	davon:		
	insgesamt	Kurzfristige Direktausleihungen der Kreditinstitute	Wertpapiere	Schuldscheindarlehen	insgesamt	Kreditmarktverschuldung	Übernahme von Altschulden	Verbindlichkeiten aus Ausgleichsforderungen der Unternehmen
1990	4,3	4,3	–	–	14,1	4,3	9,7	–
1991	19,9	2,3	4,9	12,7	39,4	24,2	15,2	–
1992	30,5	-1,0	19,4	12,0	106,8	54,7	38,0	14,1
1991 1. Vj.	1,2	1,2	–	–	15,3	5,5	9,7	–
2. Vj.	3,6	-0,5	2,0	2,1	18,9	9,1	9,8	–
3. Vj.	4,5	0,7	0,7	3,1	26,9	13,6	13,3	–
4. Vj.	10,5	0,9	2,1	7,5	39,4	24,2	15,2	–
1992 1. Vj.	2,9	-0,5	0,3	3,0	49,1	27,1	20,4	1,6
2. Vj.	5,8	1,7	0,5	3,7	58,1	32,9	23,7	1,6
3. Vj.	9,3	-0,1	6,8	2,6	73,1	42,2	28,6	2,4
4. Vj.	12,5	-2,0	11,8	2,7	106,8	54,7	38,0	14,1
1993 1. Vj.	20,9	0,5	18,4	2,0	125,3	75,5	34,6	15,1

1 Einschl. Kreditaufnahme zur Finanzierung der Tilgung

von erfaßte Teil der Altschulden einschließlich der ihnen bis dahin zugeschlagenen Zinsen auf gut 50 Mrd DM angewachsen sein. Angesichts der weiterhin unzureichenden Ertragslage sowie des anhaltend hohen Modernisierungsbedarfs der ostdeutschen Wohnungswirtschaft wurde im Rahmen des Föderalen Konsolidierungsprogramms vereinbart, daß rund 30 Mrd DM auf den Erblastentilgungsfonds übergehen.[10] Der Fonds selbst wird zur Abdeckung seines Zinsendienstes und seiner Tilgungsverpflichtungen vor allem laufende Zuschüsse aus dem Bundeshaushalt erhalten. Die Annuität beträgt 7,5 %. Hinzu kommen Einnahmen des Bundes aus dem Bundesbankgewinn, soweit sie 7 Mrd DM übersteigen. (Seit einigen Jahren ist der über den Haushaltsansatz von 7 Mrd DM hinausgehende Teil des abgeführten Gewinns vom Bund zur Tilgung fälliger Kredite verwendet worden.) Außerdem müssen die Wohnungsunternehmen, welche die Schuldenkappung in Anspruch nehmen, einen Teil ihrer Erlöse aus der Privatisierung von Wohnungen an den Fonds weiterleiten. Nach Tilgung sämtlicher Verbindlichkeiten, die möglichst in einer Generation erfolgen soll, ist das Sondervermögen aufzulösen. Sozialistische Erblasten anderer Natur fallen beim Entschädigungsfonds an, der eine teilweise Kompensation für Enteignungen auf dem Gebiet der früheren DDR erbringen soll, die nicht rückgängig gemacht werden. Die Errichtung dieses Sondervermögens war bereits Mitte 1990 in der »Gemeinsamen Erklärung« zur Regelung offener Vermögensfragen im Grundsatz beschlossen worden und ist zum 1. August 1991 erfolgt. Mit dem Ende März 1993 vorgelegten Entwurf eines Entschädigungs- und Ausgleichsleistungsgesetzes sind nun die Fondsleistungen und ihre Finanzierung konkretisiert worden. Die Höhe der Entschädigung beziehungsweise der Ausgleichsleistung (für besatzungsrechtliche Enteignungen) bemißt sich danach primär an historischen Wertansätzen für das verlorengegangene Vermögen. Die festgesetzten Ansprüche

---

[10] Für die bei den Wohnungsgesellschaften und privaten Vermietern verbleibenden Altschulden leisten der Bund und die neuen Länder je zur Hälfte Zinshilfen in den Jahren 1994 und 1995.

werden nach Maßgabe der verfügbaren Mittel ab Anfang 1996 unverzinst ausgezahlt. Die erforderlichen Mittel von schätzungsweise insgesamt 12$^1/_2$ Mrd DM fließen aus mehreren Quellen. Neben dem Aufkommen aus einer speziellen Vermögensabgabe auf jene Vermögensobjekte, die im Wege der Restitution rückübertragen worden sind, handelt es sich hierbei vor allem um Treuhanderlöse sowie Rückflüsse aus dem Lastenausgleich. Eine Kreditfinanzierung des Fonds ist nicht vorgesehen.

Im Zusammenhang mit der anstehenden Bahnreform ist die Schaffung eines weiteren neuen Sondervermögens geplant, wobei es auch hier primär um die Bewältigung finanzieller Altlasten geht, die freilich nur zum kleineren Teil im Osten entstanden sind. Zur Verbesserung der Leistungsfähigkeit und der Wirtschaftlichkeit des öffentlichen Eisenbahnwesens sollen die beiden hochverschuldeten Sondervermögen des Bundes, Deutsche Bundesbahn und Deutsche Reichsbahn, auf eine neue organisatorische und rechtliche Grundlage gestellt sowie die Aufgaben- und Finanzverantwortung neu geordnet werden. Zu diesem Zweck soll nach dem im März 1993 vom Bundeskabinett beschlossenen Gesetzentwurf zunächst ein Bundeseisenbahnvermögen geschaffen werden, in dem zu Jahresbeginn 1994 die beiden jetzigen Bahnträger zusammengefaßt werden. Im Anschluß daran wird der unternehmerische Bereich durch die Gründung einer Deutschen Bahn AG ausgegliedert. Die bis dahin aufgelaufenen Verpflichtungen verbleiben beim neuen Sondervermögen. Dies gilt insbesondere für die Kapitalmarktverschuldung der beiden Bahnen, die bis Ende 1993 gut 70 Mrd DM erreichen dürfte.

Der jährliche Finanzbedarf des Bundeseisenbahnvermögens ist zunächst auf rund 15 Mrd DM veranschlagt und soll bis zum Jahr 2003 sukzessiv auf etwa 7$^1/_2$ Mrd DM abnehmen. Soweit die eigenen Einnahmen dieses Sondervermögens und Mittelzuweisungen des Bundes nicht ausreichen, soll in den Jahren 1994 und 1995 eine Nettokreditaufnahme von jeweils bis zu 9,5 Mrd DM statthaft sein. Die Leistungen des Bundes sind an die Bedingung geknüpft, daß hierfür ab 1994 zusätzliche Einnahmen aus dem Verkehrsbereich zur Verfügung stehen. Die Sanierung der Bahnen erfolgt damit voraussichtlich teilweise über steuerliche oder andere Abgaben (Mineralölsteuer bzw. Autobahngebühr), was zu einem weiteren Anstieg der fiskalischen Gesamtbelastung der deutschen Volkswirtschaft beiträgt. Auf längere Sicht wird durch die Bahnreform freilich eine Entlastung des Bundeshaushalts erwartet.

Förderbanken

Daß der Übergang zwischen dem Staatssektor und dem privaten Bereich fließend ist und eine breite Zone besteht, in der sich verschiedene Einrichtungen gleichsam im Schatten der öffentlichen Haushalte betätigen, zeigt sich besonders deutlich an Unternehmen im öffentlichen Besitz, die auch für wirtschaftspolitische Aufgaben herangezogen werden. Dabei hat sich über die Jahre hinweg auch eine gewisse Arbeitsteilung vor allem in der Wirtschaftsförderung zwischen den staatlichen und quasi-öffentlichen Institutionen herausgebildet. So ist in die staatliche Praxis der Zins- und Kredithilfen traditionell eine Reihe von Kreditinstituten mit Sonderaufgaben eingeschaltet. Besonders bei angespannten öffentlichen Finanzen ist die Neigung groß, dieses Instrumentarium einzusetzen, da sich die Haushaltsbelastung hierbei zunächst in engen Grenzen hält. Die Refinanzierung geschieht nämlich nur zum Teil über öffentliche Haushalte, zum Teil nehmen die Förderbanken selbst Kredite auf. In den letzten drei Jahren ist das Geschäftsvolumen durch den Ausbau der Förderung in Ostdeutschland schubartig ausgeweitet worden. Insgesamt haben die drei großen Spezialkreditinstitute (Kreditanstalt für Wiederaufbau, Deutsche Ausgleichsbank, Berliner Industriebank), auf die sich das Fördergeschäft des Bundes konzentrierte[11], sowohl im Jahre 1991 als auch im Jahre 1992

---

[11] Im Zuge der Privatisierung der Berliner Industriebank wurde deren Fördergeschäft per 1. Oktober 1992 auf die beiden anderen Förderbanken übertragen. Im übrigen gibt es auch auf der Länderebene eine Reihe von Instituten, die mit Förderaufgaben betraut sind.

Kreditgeschäft der drei Förderbanken des Bundes*) (Mrd DM)

Institut	Kreditzusagen						
	1986	1987	1988	1989	1990	1991	1992 [p]
Kreditanstalt für Wiederaufbau							
Gesamtzusagen[1]	9,8	7,4	12,4	16,4	20,3	31,9	29,0
darunter:							
neue Bundesländer	–	–	–	–	4,2	22,6	20,3
Deutsche Ausgleichsbank							
Gesamtzusagen	2,7	2,9	3,1	4,6	9,4	14,8	13,3
darunter:							
neue Bundesländer	–	–	–	–	4,0	12,0	11,0
Berliner Industriebank							
Gesamtzusagen	1,1	1,0	1,3	1,6	2,4	4,9	4,7
darunter:							
neue Bundesländer	–	–	–	–	1,1	3,9	4,1
Hauptleihinstitute, insgesamt							
Gesamtzusagen	13,6	11,3	16,8	22,6	32,1	51,6	47,0
darunter:							
neue Bundesländer	–	–	–	–	9,3	38,5	35,4

* Einschl. betreuter ERP-Programme. – **1** Nur Kredite zur Förderung von Investitionen.

Deutsche Bundesbank

verbilligte Kredite in einer Größenordnung von 50 Mrd DM zugesagt, mehr als doppelt so viel wie 1989. Ohne die betreuten ERP-Darlehensprogramme gerechnet, betrugen die bewilligten Kredite im vergangenen Jahr rund 35 Mrd DM (verglichen mit 18 Mrd DM im letzten Jahr vor der deutschen Vereinigung). Hierin enthalten ist ein spezielles Kreditprogramm für die ostdeutschen Gemeinden, aus dem – bei einem Gesamtumfang von 17 Mrd DM – 1992 noch $5^{1}/_{2}$ Mrd DM bewilligt wurden. Davon abgesehen flossen die Mittel überwiegend der privaten Wirtschaft zu. die Kredite werden teils aus Bundesmitteln subventioniert (1992 hatte der Bund hierfür insgesamt gut 1 Mrd DM an Ausgaben veranschlagt), teils sind sie mit Vorzugskonditionen zu Lasten der Erträge der Förderbanken ausgestattet. Die Förderbanken können auf diese Erträge verzichten, weil sie weder steuerpflichtig sind noch Gewinne an ihre Eigner – hauptsächlich den Bund – abzuführen haben. Zur bedeutsamen Fördersparte hat sich das vom Bund verbilligte Wohnraum-Modernisierungsprogramm der KfW entwickelt. Um eine zügige Sanierung des ostdeutschen Wohnungsbestandes zu unterstützen, hat der Bund das im Herbst 1990 zunächst auf drei Jahre befristete Programm in mehreren Schritten aufgestockt. Nach den Absprachen des Föderalen Konsolidierungsprogramms ist der Kreditrahmen auf 60 Mrd DM und damit auf das Sechsfache des ursprünglichen Ansatzes ausgeweitet worden. Damit stehen ab 1993 noch rund 45 Mrd DM für Neuzusagen zur Verfügung.

Fazit

Das singuläre Ereignis der deutschen Vereinigung hat die Finanzpolitik vor ungewöhnlich schwierige Aufgaben gestellt, die zunächst vor allem durch Kreditaufnahme finanziert wurden. Hierbei spielte auch die Vorstellung eine Rolle, die außerordentlich starke fiskalische Belastung über einen längeren Zeitraum zu verteilen. Die Errichtung des Erblastentilgungsfonds spiegelt diesen Grundgedanken wider, was zumindest insoweit auch begründet erscheint, als es sich dabei um die Abwicklung mit der Vereinigung entstandener Verpflichtungen und nicht um eine Neuverschuldung zur Finanzierung laufender Ausgaben handelt. Mit der Auflösung des Kreditabwicklungsfonds und der Treuhandanstalt wird zudem das Finanzgebaren der öffentlichen Hand wieder übersichtlicher. Die in Aussicht genommene Errichtung neuer Sondervermögen steht dem Anliegen besserer Transparenz allerdings entgegen. Für die weitere Entwicklung im Bereich der öffentlichen Finanzen ist aber eine Zusammenschau notwendig, weil nur so die Vorbelastungen für die Zukunft angemessen bewertet werden können.

Entscheidend ist, daß die Nettokreditaufnahme der öffentlichen Hand im weiteren Sinne, also unter Einschluß aller Nebenhaushalte, deutlich wird. Dabei müssen auch die Aktivitäten der staatlichen Förderbanken in Betrachtung einbezogen werden. Die Folgen für den Kapitalmarkt und die Gesamtwirtschaft sind von der öffentlichen Kreditinanspruchnahme insgesamt und von der Verwendung der aufgenommenen Mittel abhängig. Dies gilt freilich nicht nur für den einigungsbedingten Teil der Verschuldung.

Quelle:
Deutsche Bundesbank, Monatsbericht Mai 1993

Anhang IV

Maastricht nach dem Urteil von Karlsruhe

Fast zwei Jahre mußten nach der Gipfelkonferenz von Maastricht vergehen, bis der dort unterzeichnete Vertrag in Kraft treten konnte. Zwei Jahre, in denen das Abkommen immer wieder zu scheitern drohte, in denen das System fester Wechselkurse in Europa unter den Attacken der internationalen Spekulation zerbrach, in denen erst die Dänen mit Nein, dann die Franzosen mit einem knappen Ja und dann wieder die Dänen in einem zweiten Referendum schließlich doch mit Ja stimmten.

Am Ende hing alles vom Spruch des Bundesverfassungsgerichtes in Karlsruhe ab. Die Vermutung, daß die Richter es nicht wagen würden, dem schwer angeschlagenen Vertragswerk den Todesstoß zu versetzen, trog nicht. Am 12. Oktober 1993 erklärte Karlsruhe den Vertrag über die Europäische Union für verfassungskonform, am 29. Oktober einigten sich die EG-Regierungen auf Frankfurt als Sitz des Europäischen Währungsinstituts, des Vorläufers der Europäischen Zentralbank, und am 1. November trat der im Dezember 1991 ausgehandelte Vertrag in Kraft.

Damit hat Europa aber immer noch keinen festen Fahrplan für den Rest des Jahrhunderts. Der Kampf um die Rettung der Deutschen Mark und die Behauptung der nationalen Identitäten, der Streit zwischen den Anhängern eines europäischen Bundesstaates und den Verfechtern eines Staatenbundes, die grundsätzliche Entscheidung zwischen einem Europa der Bürokraten und einem Europa des Wettbewerbs – all dies wird auf der Tagesordnung bleiben, und die Fronten der Auseinandersetzung werden nicht zwischen den Nationen verlaufen, sondern durch sie hindurch.

Genaugenommen stehen seit dem 12. Oktober 1993 zwei Verträge zur Auswahl: der in Maastricht hastig beschlossene – und der von Karlsruhe in entscheidenden Punkten anders interpretierte Vertrag. Für deutsche Politiker, die nicht den Weg des Verfassungsbruches beschreiten wollen, ist selbstverständlich die zweite Version, die sich auf das Urteil von Karlsruhe stützt, verbindlich. Deswegen fällt der Vorwurf von Heiner Geißler an den bayerischen Ministerpräsidenten Stoiber, er begehe mit seinem europapolitischen Kurs »Hochverrat«, auf den linkslastigen CDU-Demagogen zurück. Geißler hat entweder das Urteil aus Karlsruhe nicht gelesen oder aber nicht verstanden, oder er glaubt, es mißachten zu können.

Bayerns Widerstand gegen den EG-Zentralismus

In Deutschland ist es seit längerem üblich, politische Meinungsäußerungen, die von den selbsternannten Zensoren als nicht »politisch korrekt« bewertet werden, böswillig zu entstellen und unvollständig zu zitieren. Was hat Ministerpräsident Stoiber in seinem Interview mit der Süddeutschen Zeitung vom 2. November 1993 wirklich gesagt? Hier die wichtigsten Stellen:

• »Wir dürfen durch eine zu schnelle Integration in Westeuropa auch nicht die Kluft zu den Staaten Mittel- und Osteuropas vergrößern. Europa ist mehr als die EG. *Ich will einen bloßen Staatenbund. Das bedeutet: Die Nationalstaaten haben die Dominanz in den inneren Angelegenheiten.* Die Gemeinsamkeit beschränkt sich auf wesentliche Fragen der Innen- und Sicherheitspolitik, zum Beispiel auf Kriminalitätsbekämpfung, auf Außenpolitik und die Asylpolitik, also auf Dinge, wo wir unbedingt eine europäische Regelung brauchen. Natürlich brauchen wir auch im Wirtschaftsbereich einheitliche Bestimmungen.«

• »Es gab einmal eine europäische Bewegung in Deutschland, die unter anderem auch glaubte, in der europäischen Identität belastete deutsche Identität auffangen zu können. Das ist vorbei. Und es gibt eine große Renaissance des Föderalismus in Deutschland, ein Bewußtsein für die eigene Staatlichkeit Bayerns und der deutschen Länder. In einem europäischen Bundesstaat würde Deutschland als Bundesland das werden, was Bayern bisher in Deutschland war. *Bayern würde dann seiner Staatlichkeit völlig entkleidet. Schon jetzt bestimmt Europa Baustellenrichtlinien, Fleischhygienerichtlinien oder Verbraucherschutzrichtlinien ...«*

- »Wir wollen möglichst vieles selber regeln, weil wir die Interessen der Bevölkerung besser kennen und außerdem die Auswirkungen der Regelungen hautnäher erfahren. Das Bundesverfassungsgericht hat uns damit recht gegeben im Maastricht-Urteil – und zwar so wuchtig, wie ich das nie erwartet hätte.«
- »Diese (bayerische, B. B.) Eigenständigkeit wollen wir nicht für Europa auflösen. *Schon deswegen darf es keinen Bundesstaat Europa, sondern nur einen Staatenbund geben...* Staatenbund bedeutet, daß jede Kompetenz einzeln und immer wieder neu übertragen werden muß und auch wieder zurückgenommen werden kann.«

Damit deckt sich Stoibers Europapolitik weitgehend mit dem Urteil der Verfassungsrichter. Anzumerken wäre freilich, daß Stoiber den Eindruck zu erwecken versucht, die Bayerische Staatsregierung habe in Karlsruhe geklagt. Beim Gericht jedenfalls ist die Klage nie eingetroffen. Das Verdienst, mit dem Gang nach Karlsruhe das Schlimmste für Deutschland verhindert zu haben, kommt nicht Stoiber, sondern dem früheren bayerischen FDP-Vorsitzenden Manfred Brunner zu. Nur ihm hat es Stoiber zu verdanken, daß er seine Argumentation auf das Urteil aus Karlsruhe stützen kann.

Die Richter haben sich bekanntlich mit zwei Verfassungsbeschwerden befaßt: mit der von vier Europa-Abgeordneten der Grünen und der von Manfred Brunner. Die Klage der Grünen wurde als unzulässig verworfen, die Klage Brunners zwar als unbegründet zurückgewiesen, aber zugleich zum Anlaß genommen, den Vertrag von Maastricht so zu interpretieren, daß er mit dem deutschen Verfassungsrecht vereinbar ist. Lassen Sie uns nun die wichtigsten Stellen des Urteils vom 12. Oktober untersuchen:

- *Erstens stellt Karlsruhe fest, daß das Grundgesetz integrationsoffen ist und daß die Übertragung deutscher Hoheits-*

befugnisse an die EG grundsätzlich nicht das Demokratie-prinzip verletzt.

Dies war auch nie strittig, denn Deutschland hat schon vor dem Maastrichter Vertrag Hoheitsbefugnisse an zwischenstaatliche Gemeinschaften übertragen. Karlsruhe konzediert auch, daß die demokratische Legitimation innerhalb einer Staatengemeinschaft nicht in gleicher Form hergestellt werden kann wie innerhalb des deutschen Nationalstaates. Sobald supranationalen Organisationen Hoheitsrechte eingeräumt würden, verlören »der Deutsche Bundestag und mit ihm der wahlberechtigte Bürger notwendig an Einfluß auf den politischen Willensbildungs- und Entscheidungsprozeß«.

Aber: »Vermitteln die Staatsvölker – wie gegenwärtig – über die nationalen Parlamente demokratische Legitimation, sind mithin der Ausdehnung der Aufgaben und Befugnisse der Europäischen Gemeinschaften vom demokratischen Prinzip her Grenzen gesetzt. Jedes der Staatsvölker ist Ausgangspunkt für eine auf es selbst bezogene Staatsgewalt... Aus alledem folgt, daß dem Deutschen Bundestag Aufgaben und Befugnisse von substantiellem Gewicht verbleiben müssen.«

Karlsruhe: Von einem Bundesstaat ist keine Rede

• *Zweitens macht Karlsruhe klar, daß ein europäischer Bundesstaat vom Maastrichter Vertrag nicht abgedeckt wäre:* »*Der Unionsvertrag begründet einen Staatenverbund zur Verwirklichung einer immer engeren Union der – staatlich organisierten – Völker Europas, keinen sich auf ein europäisches Staatsvolk stützenden Staat.*«

Wohin der europäische Integrationsprozeß letztlich führen solle, bleibe offen – so Karlsruhe. »Jedenfalls ist eine Gründung ›Vereinigter Staaten von Europa‹, die der Staatswerdung der Vereinigten Staaten von Amerika vergleichbar wäre, derzeit nicht beabsichtigt.« Der Maastrichter Vertrag nehme auf die Unabhängigkeit und Souveränität der Mitgliedstaaten Bedacht, indem er die Union zur Achtung der nationalen Identität der Mitgliedstaaten verpflichte.

Das Bundesverfassungsgericht wollte und konnte nicht ausschließen, daß sich die EG nicht irgendwann doch noch zu einem bundesstaatsähnlichen Gebilde entwickelt, sagt aber glasklar, daß ein solcher Bundesstaat nicht vom Maastrichter Vertrag gedeckt ist – genauer: vom deutschen Zustimmungsgesetz zu diesem Vertrag. Die Auslegung des Maastrichter Vertrages dürfe deshalb »in ihrem Ergebnis nicht einer Vertragserweiterung gleichkommen«. Und: »Eine solche Auslegung von Befugnisnormen würde für Deutschland keine Bindungswirkung entfalten.«

• *Drittens kann die Bundesrepublik Deutschland, sozusagen als Ultima ratio, aus dem Vertrag von Maastricht auch wieder austreten.* Dies entspricht zwar allgemein akzeptiertem Völkerrecht, steht aber eindeutig im Widerspruch zum Vertragstext. Dort ist in einem beigefügten Protokoll die Rede von der »Unumkehrbarkeit« des Übergangs zur dritten Stufe der Wirtschafts- und Währungsunion. Am 1. Januar 1999 soll »unwiderruflich« die Währungsunion beginnen und die Europäische Zentralbank ihre Tätigkeit aufnehmen. Artikel Q besteht aus nur einem Satz: »Dieser Vertrag gilt auf unbegrenzte Zeit.«

Karlsruhe argumentiert völlig anders, und zwar – logisch zwingend – folgendermaßen: Da der Maastrichter Vertrag an keiner Stelle den Willen der Vertragsparteien erkennen lasse, mit der Europäischen Union ein selbständiges Rechtssubjekt zu gründen, besitze diese Union auch keine gesonderte Rechtspersönlichkeit (und dies habe, so fügen die Richter nicht ohne Listigkeit hinzu, auch der EG-Generaldirektor Dewost in der mündlichen Verhandlung in Karlsruhe bestätigt).

Die Europäische Union ist mithin laut Karlsruher Urteil definitiv kein Bundesstaat, sondern ein Verbund selbständiger Staaten. Und diese bleiben, so das Urteil, »Herren der Verträge«. Weil sie souverän sind, können sie logischerweise die Zugehörigkeit zur Europäischen Union »letztlich durch einen gegenläufigen Akt auch wieder aufheben«.

Der EG sind künftig strikte Grenzen gesetzt

• *Viertens werden die Zuständigkeiten der EG strikt begrenzt.*
Die EG besitzt, laut Karlsruhe, keine Kompetenz-Kompetenz.
Dieser juristische Fachausdruck besagt, daß die EG ihre
Zuständigkeiten nicht selbst definieren und schon gar nicht
eigenmächtig erweitern darf. Eben dies aber hat die Brüsseler Bürokratie in einem schleichenden Prozeß jahrelang getan. Die EG nahm die Definition ihrer Kompetenzen de facto
weitgehend selbst in die Hand, und ihr wurde dabei vom Europäischen Gerichtshof sekundiert, der in aller Regel zugunsten des Brüsseler Zentralismus und gegen die Nationalstaaten entschied.

Diese Praxis hält das Bundesverfassungsgericht offenbar
für illegal. Karlsruhe beharrt auf dem »Prinzip der begrenzten
Einzelermächtigung«. Die EG darf demnach nur dort tätig
werden, wo sie vertraglich ausdrücklich dazu ermächtigt
wurde. Zudem lege das Subsidiaritätsprinzip »strikte Grenzen
für das Tätigwerden der Gemeinschaft« fest.

Angesprochen wird hier vor allem der ominöse Artikel F,
Absatz 3 des Maastrichter Vertrages, mit dem sich die EG-
Bürokratie offenbar eine Art von Generalermächtigung geben
wollte. Vollständiger Wortlaut: »Die Union stattet sich mit den
Mitteln aus, die zum Erreichen ihrer Ziele und zur Durch-
führung ihrer Politiken erforderlich sind.«

Karlsruhe kontert: »Art. F Abs. 3 ermächtigt die Union jedoch nicht, sich aus eigener Macht die Finanzmittel und sonstigen Handlungsmittel zu verschaffen, die sie zur Erfüllung
ihrer Zwecke für erforderlich erachtet.«

Die Verfassungsrichter gehen noch weiter: Würden die EG-
Organe Artikel F, Absatz 3 expansiv auslegen, so wäre dies
»innerhalb des deutschen Mitgliedstaates rechtlich unverbindlich. Die deutschen Staatsorgane müßten etwaigen auf eine
derartige Handhabung des Art. F Abs. 3 gestützten Rechtsakten die Gefolgschaft verweigern.«

Die Deutsche Mark darf 1999 nicht automatisch abgeschafft werden

• *Fünftens korrigiert Karlsruhe den Vertrag von Maastricht dahingehend, daß es keinen Automatismus hin zur Währungsunion und damit zur Abschaffung der Deutschen Mark geben dürfe.*

Eben diesen Automatismus sieht der Vertrag vor, denn als letztmögliches Datum für die Europäische Währungsunion wird der 1. Januar 1999 festgesetzt. Demgegenüber sagt das Bundesverfassungsgericht, der Zeitpunkt für den Eintritt in die dritte und letzte Stufe der Währungsunion sei »eher als Zielvorgabe denn als rechtlich durchsetzbares Datum zu verstehen«.

Karlsruhe untersagt dem EG-Rat – beziehungsweise dem deutschen Vertreter im Rat – sogar, die Konvergenzkriterien für eine Europawährung durch bloße Mehrheitsentscheidung zu unterlaufen. Deutschland darf sich einer derartigen Mehrheitsentscheidung nicht beugen. Der Vertragstext erlaube es dem EG-Rat nicht, sich von den Konvergenzkriterien zu lösen. Wörtlich: »Damit ist hinreichend sichergestellt, daß ohne deutsche Zustimmung – und damit ohne maßgebliche Mitwirkung des Deutschen Bundestages – die Konvergenzkriterien nicht ›aufgeweicht‹ werden können.«

Den Satz muß man genau lesen: Die Richter sagen nicht etwa, daß die Konvergenzkriterien nicht aufgeweicht werden dürfen, sie sagen lediglich, daß sie nur mit Zustimmung des Bundestages aufgeweicht werden können. Damit liegt der Schwarze Peter wieder in Bonn. Es wird also in den Jahren nach 1996 ganz darauf ankommen, was die Deutschen selbst wollen und inwieweit der Bundestag in seiner Zusammensetzung dem Volkswillen entspricht. Die endgültige Entscheidung über die Zukunft der Mark lag eben nicht bei den Verfassungsrichtern, sie muß schließlich doch von den Politikern getroffen werden. (Und hier wird das enorme Handicap Stoibers sichtbar: Seine Partei ist auf ein Bundesland beschränkt.)

Wichtig ist zunächst nur: Die ECU als europäische Zwangswährung wird nach dem Spruch aus Karlsruhe nicht automatisch kommen, der Bundestag wird noch einmal darüber abstimmen müssen, was er sich ohnehin vorbehalten hatte. Und so gut wie sicher ist schon jetzt, daß die Konvergenzkriterien nicht eingehalten werden können. Selbst die Niederlande mit ihrer stabilen Währung sind – nach dem Buchstaben des Vertrages – nicht reif für die Einheitswährung, weil die Staatsverschuldung dort 80 % der jährlichen Wirtschaftsleistung beträgt, laut Maastricht aber nur 60 % gestattet sind.

Soweit unsere Zusammenfassung der wichtigsten Punkte des Urteils von Karlsruhe. Wer steht nun eigentlich auf dem Boden deutschen Verfassungsrechtes: Heiner Geißler, der notorische Feind deutscher Staatlichkeit, oder Edmund Stoiber, der das Urteil wörtlich nimmt und sich damit auch in Gegensatz zum Bundeskanzler und zum Außenminister setzt, die immer noch an der ursprünglichen, jetzt aber von Karlsruhe korrigierten Europakonzeption festzuhalten versuchen?

Die Position Stoibers ist nicht nur realistischer als die seiner Kritiker und überdies verfassungskonform, sie hat auch den Vorteil, daß die Zeit für sie arbeitet. Im Vertrag von Maastricht, so wie er von Brüssel, Paris und Bonn damals gedacht war, feierte der EG-Zentralismus seinen letzten großen Sieg – aber nur auf dem Papier. Dies war ein konfuser Formelkompromiß, der nicht mehr im Einklang mit der geschichtlichen Entwicklung stand. Es war ein Stück überholter Kabinettspolitik, die nicht begreifen wollte, daß sich die Lage in Europa mit dem Fall der Mauer und dem Ende der Teilung des Kontinents grundlegend gewandelt hatte.

Wie Hauptkläger Brunner das Urteil wertet

»Das Bundesverfassungsgericht«, so Manfred Brunner gegenüber dem Verfasser, »hat den Vertrag nur mit einer neuen Interpretation seines Inhalts akzeptiert. Diese Interpretation sagt in wichtigen Fragen das Gegenteil der früheren Aussagen des Bundeskanzlers Kohl und seiner Regierung. Folgende Feststellungen des Gerichts sind von besonderer Bedeutung:

(1) Die ›Europäische Union‹ des Maastricht-Vertrages darf kein föderaler und erst recht kein zentralistischer Staat werden.

(2) Die ›Europäische Union‹ ist nur eine Konföderation selbständiger Staaten.

(3) Es gibt keinen Automatismus und keine Irreversibilität. Jeder Staat kann die Union wieder verlassen. Vor jeder neuen Stufe der Zusammenarbeit (z. B. Einführung der ECU) muß der Bundestag neu entscheiden. Auch die Währungsunion ist kündbar.

(4) Der Europäische Gerichtshof darf künftig die Kompetenzen der EG nicht mehr erweitern.

(5) Die Generalklauseln des EG-Vertrages (Artikel 100 a und 235) dürfen die Kompetenzen der EG künftig nicht mehr erweitern, ebensowenig der neue Artikel F, Absatz 3.

(6) Das Bundesverfassungsgericht handelt zwar in Kooperation mit dem Europäischen Gerichtshof, hat jedoch das letzte Wort in Konfliktfällen.

(7) Überschreitet die EG die vom Bundesverfassungsgericht gesetzten Grenzen, dann haben ihre Beschlüsse für Deutschland keine Gültigkeit.

(8) Die demokratische Legitimation der EG erfolgt durch die nationalen Parlamente. Das Europäische Parlament hat nur ergänzende Funktion.«

Brunner zieht folgendes Resümee: »Das Urteil verhindert, daß das von den zwölf Regierungschefs gewollte politische Ziel, die Nationalstaaten zugunsten eines westeuropäischen Überstaates zur Bedeutungslosigkeit zu verurteilen, politisch durchgesetzt werden kann. Noch versucht die deutsche Regierung, das Urteil zu vertuschen. Aber schon jetzt setzt eine breite juristische Diskussion ein. Der bayerische Ministerpräsident Stoiber hat nur den Anfang gemacht; eine neue Europapolitik wird kommen.«

Durchhalteparolen aus Bonn

Der für die Deutschen entscheidenden Frage aber wich auch Stoiber bisher aus: Soll die Mark nun eigentlich bleiben, oder soll sie durch ein genmanipuliertes Eurogeld abgelöst werden, ist sie überhaupt erhaltenswert? Hier hilft auch kein Rückgriff auf das Urteil von Karlsruhe, denn das Gericht sagte nicht mehr und nicht weniger, als daß die Einführung der Europawährung letztlich eine politische Entscheidung sei.

Das wußten wir aber schon vorher. Karlsruhe sagt, die Währungsunion dürfe nicht automatisch kommen. Daß sie kommen wird, sagen die Bonner Politiker auch nach dem Urteil von Karlsruhe.

Finanzminister Waigel laut Bayern-Kurier vom 16. Oktober: »Wir werden alles daran setzen, daß am Ende des Integrationsprozesses ein gemeinsamer Wirtschaftsraum mit einer stabilen Währung und einer politischen Union ohne Preisgabe der nationalen Identitäten steht.« Und Bundeskanzler Kohl verkündete am 13. Oktober vor dem französischen Senat, es komme »entscheidend« darauf an, daß am geplanten Ablauf, aber auch an den inhaltlichen Voraussetzungen für eine stabile Währung »ohne Abstriche« festgehalten werde. Kohl verlangte ausdrücklich die strikte Einhaltung des Zeitplans für die Wirtschafts- und Währungsunion, er legte sich also noch einmal auf das starre Datum 1999 fest.

Man beachte, wie mühelos beiden Politikern der Euro-Speak über die Lippen geht. Wenn sie von »stabiler Währung« sprechen, meinen sie nicht etwa die bewährte Deutsche Mark, sondern das unerprobte künftige Zwangsgeld namens ECU.

Obwohl ihr die Realitäten längst im Wege standen, hielt die Bundesregierung auch nach dem Urteil des Verfassungsgerichtes unbeirrt an dem mit Paris abgesprochenen Kurs fest. Und selbst die meist betulich argumentierende FAZ konnte nach dem Urteil keine Entwarnung geben. »Die Bedenken gegen den ausufernden Zentralismus in der Wirtschafts- und Sozialpolitik«, so las man dort am 13. Oktober, »bleiben ebenso wie die Sorge, die Stabilität des Geldwertes werde Schaden nehmen, wenn es den Wettbewerb der Währungen nicht mehr gibt.«

In Vorbereitung auf die Währungsunion wurde der sinnlose Umverteilungsmechanismus sogar einen Gang höher geschaltet. Ende Juli 1993 beschloß der EG-Rat ein zusätzliches Subventionsprogramm von 250 Milliarden Mark für die neunziger Jahre, obwohl von den 80 Milliarden Mark des Förderprogrammes 1989 bis 1993 für strukturschwache Mitglieder bisher nicht einmal die Hälfte ausgezahlt werden konnte. Bonn rechnet es sich als Erfolg an, daß nun auch die neuen Bundesländer in den nächsten sechs Jahren 28 Milliarden Mark aus dem EG-Topf erhalten werden. Wie wurde das Wunder vollbracht? Indem Bonn in den kommenden sechs Jahren 93,1 Milliarden Mark in die EG-Strukturkassen einzahlen wird, damit 28 Milliarden zurückfließen können.

Auch dies muß endlich ein öffentliches Thema in Deutschland werden: daß die als Umverteilungsapparat konzipierte EG seit der Wiedervereinigung nicht nur den deutschen Steuerzahler überfordert, sondern überdies die Außenbilanz der Bundesrepublik zunehmend belastet – und damit auch die fundamentale Gesundheit der Deutschen Mark.

Seit 1991 ist die deutsche Leistungsbilanz im Minus, das deutsche Auslandsvermögen nimmt ab. Und ein Ende dieses Prozesses, der früher oder später auch den Außenwert der Mark gefährden muß, ist zumindest für den Rest dieses Jahrzehnts nicht in Sicht. Dies ist übrigens auch die Meinung der Frankfurter Großbanken. Fällt eigentlich niemandem auf, daß dieses deutsche Leistungsbilanzdefizit in etwa den jährlichen Überweisungen an die EG und andere internationale Geldempfänger entspricht? Deutschland verschuldet sich für die EG, ohne auf strengster Verwendungskontrolle der Mittel zu bestehen – eine Politik, die auf Dauer nicht tragbar ist, die in einem europäischen Eklat enden muß.

Mit der Deutschen Mark würde Europas Mitte zusammenbrechen

Die dreifache Ironie dieser erst jetzt ernsthaft beginnenden Europadiskussion liegt darin, daß der Vertrag von Maastricht, der dem EG-Zentralismus zum endgültigen Sieg verhelfen sollte, den Widerstand gegen ebendiesen Zentralismus überall in Europa überhaupt erst richtig mobilisiert hat; daß die Verfassungsrichter von Karlsruhe formal den Wünschen der Bundesregierung nachgekommen sind, inhaltlich aber weitgehend dem Kläger Brunner recht gegeben haben; daß jetzt ein Dissens zwischen München und Bonn aufgebrochen ist, die bayerische Staatsregierung aber im Ausland auf Sukkurs rechnen kann – in London nämlich.

John Major interpretiert den Vertrag kaum anders als Stoiber, er geht sogar über die Einwände aus Bayern hinaus, indem er die europäische Einheitswährung rundweg ablehnt. Um eine weitere Ironie aufzuzeigen: Dieselbe britische Regierung, die die deutsche Wiedervereinigung in letzter Minute zu verhindern suchte, sperrt sich nun als Mitunterzeichner des Maastrichter Vertrages gegen die Auflösung der Nationalstaaten und gegen das europäische Monopolgeld und verteidigt damit gewollt oder ungewollt die deutsche Souveränität und das wichtigste deutsche Souveränitätsmerkmal, die Mark.

Nicht nur aus deutscher Sicht wird der Kampf um die Mark im Zentrum der Auseinandersetzungen der kommenden Jahre stehen. Mit dem Ende dieser erfolgreichsten Währung der Nachkriegszeit würden die Deutschen unendlich viel verlieren, ohne daß Europa etwas gewönne. Wer Hand an die Mark legt, destabilisiert zugleich Europa. So sieht es auch der französische Philosoph André Glucksmann:

»Aber da das alte Germanien in der stabilen Mark den Grund für seine westliche Lebensart gefunden hat, sollten wir erkennen, daß dieser Konsens die Möglichkeit für unser soziales und strategisches Gleichgewicht schafft. Bei einem Zusammenbruch der Mark würde das Zentrum des Kontinents sich in Krämpfen winden. Wenn ich schon viele Intellektuelle schockieren muß, die sorgsam übersehen, daß die Währungskultur eine gesellschaftliche Entscheidung von größerem Wert darstellt als eine Ansammlung von Banknoten und Plastikgeld: Ich behaupte, daß heute die Sache der Mark identisch ist mit der der Aufklärung und der europäischen Demokratie.«

Leitsätze des Bundesverfassungsgerichts Karlsruhe

»1. Im Anwendungsbereich des Art. 23 GG schließt Art. 38 GG aus, die durch die Wahl bewirkte Legitimation und Einflußnahme auf die Ausübung von Staatsgewalt durch die Verlagerung von Aufgaben und Befugnissen des Bundestages so zu entleeren, daß das demokratische Prinzip, soweit es Art. 79 Abs. 3 in Verbindung mit Art. 20 Abs. 1 und 2 GG für unantastbar erklärt, verletzt wird.

2. Das Demokratieprinzip hindert die Bundesrepublik Deutschland nicht an einer Mitgliedschaft in einer – supranational organisierten – zwischenstaatlichen Gemeinschaft. Voraussetzung der Mitgliedschaft ist aber, daß eine vom Volk ausgehende Legitimation und Einflußnahme auch innerhalb des Staatenverbundes gesichert ist.

3. a) Nimmt ein Verbund demokratischer Staaten hoheitliche Aufgaben wahr und übt dazu hoheitliche Befugnisse aus, sind es zuvörderst die Staatenvölker der Mitgliedstaaten, die dies über die nationalen Parlamente demokratisch zu legitimieren haben. Mithin erfolgt demokratische Legitimation durch die Rückkopplung des Handelns europäischer Organe an die Parlamente der Mitgliedstaaten; hinzu tritt – im Maße des Zusammenwachsens der europäischen Nationen zunehmend – innerhalb des institutionellen Gefüges der Europäischen Union die Vermittlung demokratischer Legitimation durch das von den Bürgern der Mitgliedstaaten gewählte Europäische Parlament.

b) Entscheidend ist, daß die demokratischen Grundlagen der Union schritthaltend mit der Integration ausgebaut werden und auch im Fortgang der Integration in den Mitgliedstaaten eine lebendige Demokratie erhalten bleibt.

4. Vermitteln – wie gegenwärtig – die Staatsvölker über die nationalen Parlamente demokratische Legitimation, sind der Ausdehnung der Aufgaben und Befugnisse der Europäischen Gemeinschaften vom demokratischen Prinzip her Grenzen gesetzt. Dem Deutschen Bundestag müs-

sen Aufgaben und Befugnisse von substantiellem Gewicht verbleiben.

5. Art. 38 GG wird verletzt, wenn ein Gesetz, das die deutsche Rechtsordnung für die unmittelbare Geltung und Anwendung von Recht der – supranationalen – Europäischen Gemeinschaften öffnet, die zur Wahrnehmung übertragenen Rechte und das beabsichtigte Integrationsprogramm nicht hinreichend bestimmbar festlegt (vgl. BVerfGE 58, 1 [37] = EuGRZ 1982, 172 [177]). Das bedeutet zugleich, daß spätere wesentliche Änderungen des im Unions-Vertrag angelegten Integrationsprogramms und seiner Handlungsermächtigungen nicht mehr vom Zustimmungsgesetz zu diesem Vertrag gedeckt sind. Das Bundesverfassungsgericht prüft, ob Rechtsakte der europäischen Einrichtungen und Organe sich in den Grenzen der ihnen eingeräumten Hoheitsrechte halten oder aus ihnen ausbrechen (vgl. BVerfGE 75, 223).

6. Bei der Auslegung von Befugnisnormen durch Einrichtungen und Organe der Gemeinschaften ist zu beachten, daß der Unions-Vertrag grundsätzlich zwischen der Wahrnehmung einer begrenzt eingeräumten Hoheitsbefugnis und der Vertragsänderung unterscheidet, seine Auslegung deshalb in ihrem Ergebnis nicht einer Vertragserweiterung gleichkommen darf; eine solche Auslegung von Befugnisnormen würde für Deutschland keine Bindungswirkung entfalten.

7. Auch Akte einer besonderen, von der Staatsgewalt der Mitgliedstaaten geschiedenen öffentlichen Gewalt einer supranationalen Organisation betreffen die Grundrechtsberechtigten in Deutschland. Sie berühren damit die Gewährleistungen des Grundgesetzes und die Aufgaben des Bundesverfassungsgerichts, die den Grundrechtsschutz in Deutschland und insoweit nicht nur gegenüber deutschen Staatsorganen zum Gegenstand haben (Abweichung von BVerfGE 58, 1 [27] = EuGRZ 1982, 172 [174]). Allerdings übt das Bundesverfassungsgericht seine Rechtsprechung über die Anwendbarkeit von abgeleitetem Gemeinschaftsrecht in Deutschland in einem »Kooperationsverhältnis« zum Europäischen Gerichtshof aus.

8. Der Unions-Vertrag begründet einen Staatenverbund zur Verwirklichung einer immer engeren Union der – staatlich organisierten – Völker Europas (Art. A EUV), keinen sich auf ein europäisches Staatsvolk stützenden Staat.

9. a) Art. F Abs. 3 EUV ermächtigt die Union nicht, sich aus eigener Macht die Finanzmittel oder sonstige Handlungsmittel zu verschaffen, die sie zur Erfüllung ihrer Zwecke für erforderlich erachtet.

b) Art. L EUV schließt die Gerichtsbarkeit des Europäischen Gerichtshofs nur für solche Vorschriften des Unions-Vertrags aus, die nicht zu Maßnahmen der Union mit Durchgriffswirkung auf den Grundrechtsträger im Hoheitsbereich der Mitgliedstaaten ermächtigen.

c) Die Bundesrepublik Deutschland unterwirft sich mit der Ratifikation des Unions-Vertrags nicht einem unüberschaubaren, in seinem Selbstlauf nicht mehr steuerbaren »Automatismus« zu einer Währungsunion; der Vertrag eröffnet den Weg zu einer stufenweisen weiteren Integration der europäischen Rechtsgemeinschaft, der in jedem weiteren Schritt entweder von gegenwärtig für das Parlament voraussehbaren Voraussetzungen oder aber von einer weiteren, parlamentarisch zu beeinflussenden Zustimmung der Bundesregierung abhängt.«

Entscheidungsformel:

»1. Die Verfassungsbeschwerde des Beschwerdeführers zu 1. gegen das Gesetz vom 28. Dezember 1992 zum Vertrag vom 7. Februar 1992 über die Europäische Union (Bundesgesetzbl. I Seite 1251) wird zurückgewiesen. Seine Verfassungsbeschwerde gegen das Gesetz zur Änderung des Grundgesetzes vom 21. Dezember 1992 (Bundesgesetzbl. I Seite 2086) wird verworfen.

2. Die Verfassungsbeschwerden der Beschwerdeführer zu 2. werden verworfen.«

*Bitte beachten Sie
die folgenden Seiten*

Über Maastricht lesen, ist eine Sache. Mit Maastricht leben, eine andere.

Der Autor dieses Buches ist seit 1979 Herausgeber und Chefredakteur des exklusiven Informationsdienstes G&M, der zehn Jahre lang in der Schweiz erschien und seit 1992 in Bad Kissingen verlegt wird.

G&M gilt seit langem als führender Edelmetalldienst im deutschsprachigen Raum, kommentiert regelmäßig die Devisenmärkte und kombiniert wie kein anderer Dienst Finanzanalyse mit geopolitischem Hintergrund.[*]

G&M erscheint monatlich und ist völlig unabhängig von wirtschaftlichen und politischen Organisationen. Wir veranstalten Seminare und publizieren die Reihe G&M-Dossiers, aus der auch das vorliegende Buch hervorgegangen ist.

Wir senden Ihnen gerne einmalig und unverbindlich eine Informationsmappe inklusive G&M-Probeexemplar. Bitte legen Sie Ihrer Bestellung eine Schutzgebühr von DM/SFr. 20,– als Scheck oder in bar bei. Wir freuen uns auf Ihre Nachricht.

Bandulet Verlag GmbH, Kurhausstr. 12, D–97688 Bad Kissingen

[*] **Blick durch die Wirtschaft/FAZ** über G&M: »Ein in internationalen Fachkreisen hochgeachteter Informationsdienst.« **Impulse:** »Ein renommierter Spezialdienst.« **Börsen Journal:** »Ein mit politischen Hintergründen bespickter Monatsdienst.« **Personal Finance:** »Einer der intelligentesten Beobachter der internationalen Szene.«

Noch nie war das deutsche Wunder ohne Schattenseiten

Bruno Bandulet
Die Rückseite des Wunders

Deutschland und seine Tabus

Universitas

Das Wirtschaftswunder wurde genossen, die Wende verschlafen. Schon am Vorabend der Vereinigung der beiden deutschen Staaten zeichneten sie sich durch Fantasielosigkeit und Spießertum aus. Auch heute sagt man nicht, was man meint, und man meint nicht, was man sagt. Ziel der Politik ist nicht die Gestaltung der Zukunft, sondern Machterhalt.

Bruno Bandulet
Die Rückseite des Wunders
Deutschland und seine Tabus
326 Seiten · DM 32,– · ISBN 3-8004-1218-7

Universitas

*Pflichtlektüre
für alle
Maastricht-
Gegner*

»Fundiert kritisiert der ehemalige Chef der Hamburger Landeszentralbank das ehrgeizige europäische Projekt. Vieles davon dürfte wohl auch in der Bundesbank so gesehen werden.« DER SPIEGEL

»Ein sehr bemerkenswertes Buch ..., das man in viele Hände wünschen möchte und dem man dies auch zutraut.« SÜDDEUTSCHE ZEITUNG

Ullstein

Wilhelm Nölling · **Unser Geld**
Der Kampf um die Stabilität
der Währungen in Europa
282 Seiten, DM 42,–, ISBN 3-550-06819-0